글 박선희

대학교에서 영문학을 공부하고, 출판사에서 어린이책을 만들었습니다. 지금은 어린이책을 기획, 편집하고 글을 쓰고 있습니다. 지은 책으로는 《꼬마 마법사의 수 세기》, 《파티시에가 될 테야》, 《늑대야? 오리야!》, 《눈사람은 춥지 않아》 등이 있고, 옮긴 책으로는 《깔끔이와 꼬질이》가 있습니다.

그림 이수영

대학교에서 시각 디자인을 공부하고, 한국일러스트레이션학교(Hills)와 한겨레그림책학교에서 그림책을 공부했습니다. 시간이 날 때마다 이곳저곳을 다니며 마치 보물찾기 하듯 마음에 와 닿는 무언가를 스케치북에 옮기기를 좋아합니다. 그린 책으로는 《뻔뻔한 칭찬 통장》, 《달랑 3표 반장》, 《문제아 나깡, 퀴즈왕 되다!》, 《꼬박꼬박 저축은 즐거워!》, 《마틸드는 쓰레기 박사》 등이 있고, 직접 쓰고 그린 책으로는 《텔레비전이 고장 났어요!》가 있습니다.

사회가 재미있는 그림교과서

초판 1쇄 펴낸날 2013년 12월 10일 / **초판 6쇄 펴낸날** 2023년 9월 7일
글 박선희 / **그림** 이수영
편집장 한해숙 / **기획·편집** 아우라 신경아 / **디자인** 황금박g 최성수 이이환
마케팅 박영준 한지훈 / **홍보** 정보영 박소현 / **경영지원** 김효순

펴낸이 조은희 / **펴낸곳** ㈜한솔수북 / **출판등록** 제2013-000276호 / **주소** 03996 서울시 마포구 월드컵로 96 영훈빌딩 5층
전화 02-2001-5822(편집) 02-2001-5828(영업) / **전송** 0303-3440-0108 / **전자우편** isoobook@eduhansol.co.kr
블로그 blog.naver.com/hsoobook / **인스타그램** soobook2 / **페이스북** soobook2
ISBN 979-11-951400-4-6 73300

ⓒ 2013 아우라, 박선희, 이수영

어린이제품안전특별법에 의한 제품 표시
품명 도서 | 사용연령 만 6세 이상 | 제조국 대한민국 | 제조자명 ㈜한솔수북 | 제조년월 2023년 9월

- 저작권법으로 보호받는 저작물이므로 저작권자의 서면 동의 없이 다른 곳에 옮겨 싣거나 베껴 쓸 수 없으며 전산장치에 저장할 수 없습니다.
- 값은 뒤표지에 있습니다.

 한솔수북의 모든 책은 아이의 눈, 엄마의 마음으로 만듭니다.

여기저기 콕콕, 그림으로 봐야 사회가 쉽다!

사회가 재미있는 그림교과서

글 박선희 · 그림 이수영

차례

6 새 동네로 이사 온 마루네
단독 주택이 좋을까, 아파트가 좋을까? 8
마루네 가족은 모두 몇 명일까? 8
가족은 집안일을 함께해 9
마루네 동네에는 어떤 이웃이 살까? 10

12 다 같이 동네 한 바퀴
동네에는 가게가 많아 14
동물 병원에 가면 강아지가 있어 15
그림지도를 보며 길을 찾아 15
어떤 공공 기관이 있을까? 16
누가 동네 사람들을 위해 일할까? 17

18 초등학교에 입학한 마루
초록색 불이 켜지면 바로 건널까? 20
초등학생이 되면 지킬 것이 많아 21
학교는 어떻게 생겼을까? 22

24 마루의 학교생활
수업 시간은 즐거워 26
복도에서 천천히 걷는 건 힘들어 28
오늘은 내가 일일 반장이야 29

30 기차역에 온 마루
기차는 어디 있을까? 32
지하철을 탈까, 택시를 탈까? 34
지하철은 어디서 타지? 35

36 딸기 따러 간 날
논에는 벼, 밭에는 배추를 길러 38
기계를 이용해서 농사를 지어 40
우리가 먹는 건 농촌에서 와 41

42 다 모여 있는 박물관
별의별 박물관이 다 있어 44
박물관을 구경하는 방법이 있다고? 45
박물관에서 지켜야 하는 게 있다고? 46
표지판이 모두 알려 줘 47

48 시원한 여름 바다
여름휴가는 즐거워 50
휴가를 보낼 때도 꼭 기억할 게 있어 51
어촌에서는 할 일도 많아 52
바다 냄새 가득한 어시장을 구경해 53

54 아플 때 가는 병원
병원에서는 많은 사람이 일해 56
종합 병원에는 무엇이 있을까? 57
아픈 곳에 따라 가는 병원이 달라 58
병원에서도 규칙을 지켜야 해 59

60 친척이 다 모이는 추석
추석에는 뭘 할까? 62
추석에는 한복을 입어 63
가족의 모습이 저마다 달라 64
삼촌을 작은아빠라고 불러 65

66 설레는 방송국 구경
방송국에는 방도 사람도 많아 68
방송국에서는 무엇을 쓸까? 70

72 재미있는 시장 구경
어느 시장에 갈까? 74
물건값을 치를 땐 돈을 사용해 75
배추는 시장에 어떻게 올까? 76
시장에 가면 누가 있을까? 77

78 새해맞이 종소리 듣기
바글바글 복잡복잡, 도시는 어떤 곳일까? 80
새해맞이는 어느 나라에서나 기쁜 일이야 81
한겨울에도 도시는 활기차 82
올해 안녕, 새해 안녕! 83

84 사회 그림사전 | 아하, 이런 뜻이구나!

새 동네로 이사 온 마루네

마루네 가족이 행복동으로 이사를 왔어.
행복동은 이웃끼리 사이좋기로 소문난 동네야.
"와, 드디어 강아지를 키울 수 있겠다!"
마루랑 누나는 마당을 보자 기뻐서 소리쳤어.

단독 주택이 좋을까, 아파트가 좋을까?

이사를 오기 전, 마루 아빠랑 엄마는 서로 생각이 달랐어.
"마당이 있는 단독 주택으로 이사 갑시다."
"살기 편한 아파트로 이사 가요."
아빠가 살고 싶어 하는 단독 주택과
엄마가 좋아하는 아파트는 뭐가 다를까?

단독 주택은 마당이 있고, 대개 한 가족이 살아.

연립 주택은 보통 4층 정도 되고, 한 건물에 여러 집이 있어.

아파트는 5층이 넘어서 높고, 한 층에 여러 집이 있어.

마루네 가족은 모두 몇 명일까?

마루네 가족은 아빠, 엄마, 누나, 마루까지 모두 4명이야.
누나는 초등학교 2학년이고, 마루는 여덟 살이야.
마루도 아빠처럼 마당 있는 집을 원했어. 마음껏 뛰어놀 수 있으니까.
그래서 엄마가 마지못해 아빠와 마루의 뜻을 받아 주었지.

가족은 함께 밥을 먹어.

가족은 함께 일을 도와.

가족은 함께 잠을 자.

가족은 집안일을 함께해

드디어 마루네가 단독 주택으로 이사를 해.
아빠는 아저씨들과 이삿짐을 나르고,
엄마는 이삿짐을 정리하느라 바빠.
마루네 가족은 저마다 할 일을 하고 있어.

마루는 아저씨들에게 물을 드려.

누나는 짜장면 그릇을 돌려 드려.

마루네 가족은 평소에도 집안일을 서로 도와서 해.

아빠는 화분에 물을 주고, 쓰레기를 치워.

엄마는 주로 요리, 청소, 빨래를 해.

누나는 아빠와 엄마를 돕고, 동생인 마루를 돌보기도 해.

마루는 아직 어려. 그래서 잘 먹고, 튼튼하게 자라는 게 할 일이야.

마루네 동네에는 어떤 이웃이 살까?

마루네가 이웃집에 떡을 돌리며 새로 이사 왔다고 인사를 해.
"한동네에 살면 다 이웃인데 동네를 한 바퀴 쭉 돌자꾸나."
마루는 온 동네 사람들에게 떡을 돌리느라 무척 바빴어.
과연 마루는 누구를 만났을까? 누가 마루의 새 이웃이 되었을까?

빵집 아저씨는 날마다 맛있는 빵을 구워.
갓 구운 빵 냄새는 정말 달콤해.

과일 가게 아저씨는 언제나
싱싱하고 맛있는 과일을 팔아.

미용사 아주머니는 사람들의
머리를 멋지게 손질해 줘.

약사 아주머니는 약을 지어 주고,
약에 대해 꼼꼼히 알려 줘.

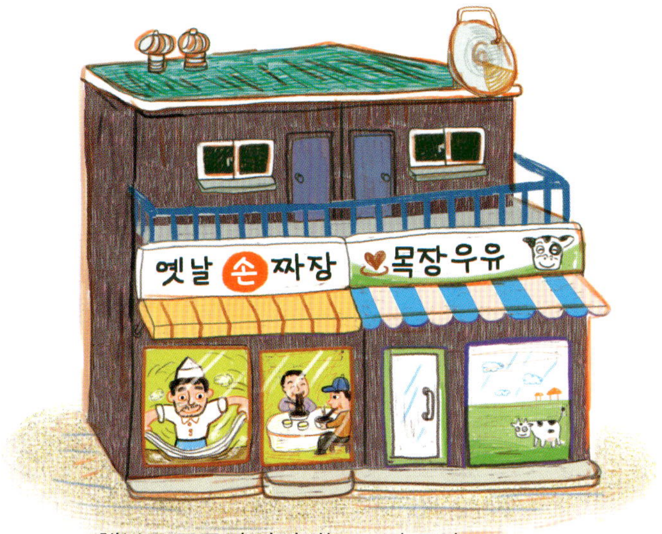

옛날 손 짜장
목장 우유

행복동 중국집 아저씨는 30년 동안
짜장면을 만들었대.

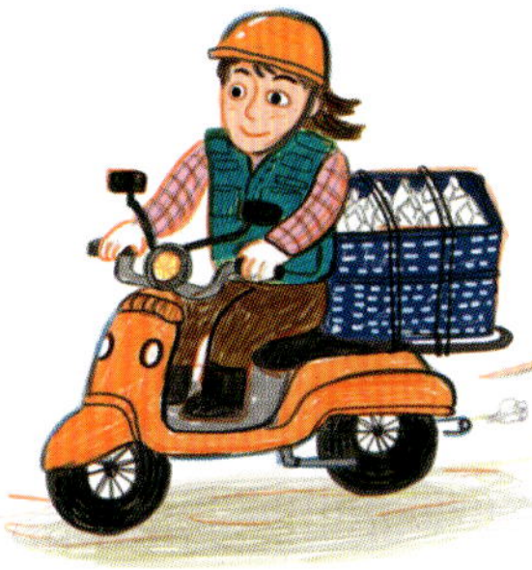

우유 배달 아주머니는 날마다
신선한 우유를 가져다줘.

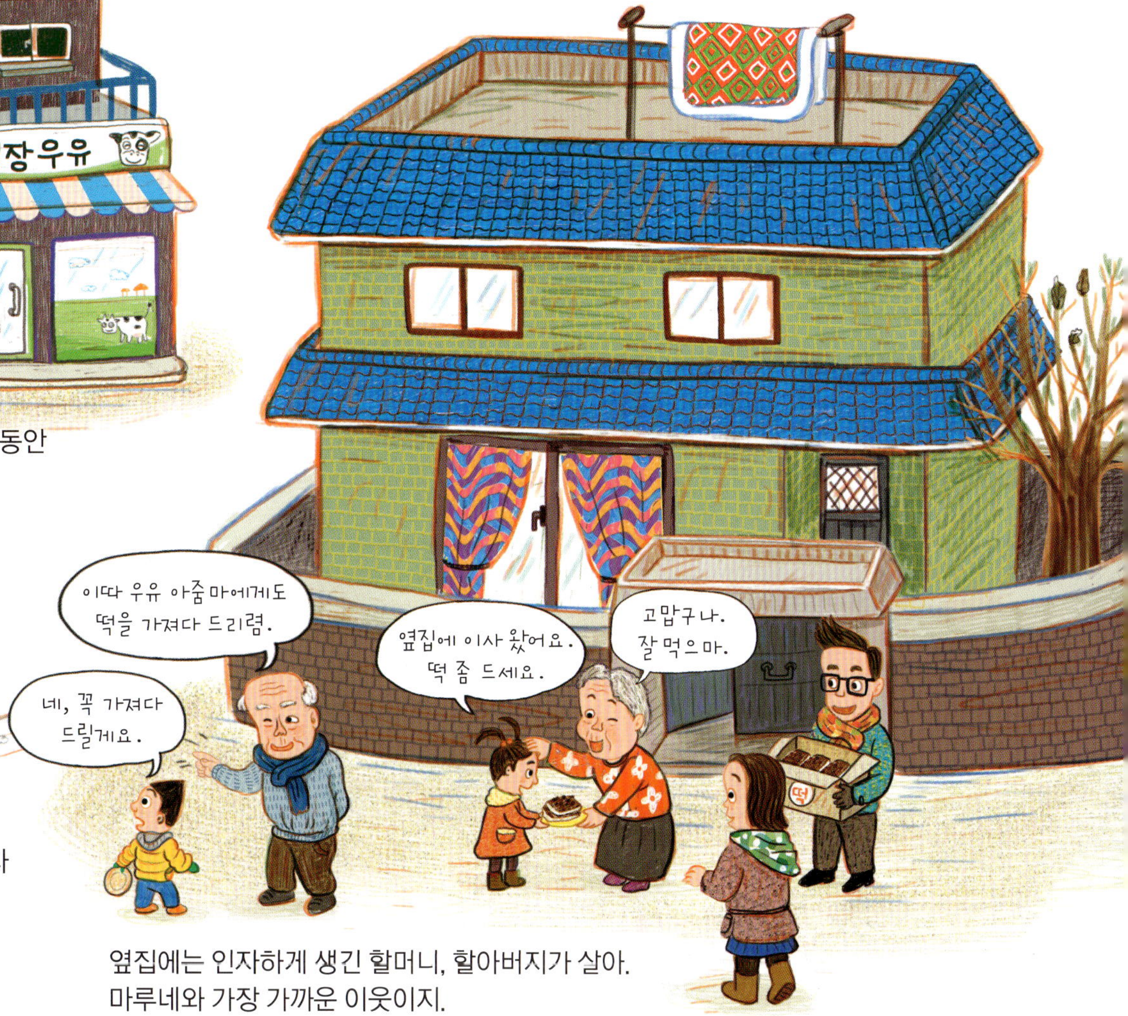

이따 우유 아줌마에게도
떡을 가져다 드리렴.
네, 꼭 가져다
드릴게요.
옆집에 이사 왔어요.
떡 좀 드세요.
고맙구나.
잘 먹으마.
떡

옆집에는 인자하게 생긴 할머니, 할아버지가 살아.
마루네와 가장 가까운 이웃이지.

도전, 퀴즈! 마루네 가족은 어디로 가야 할까요? 알맞게 줄로 이으세요.

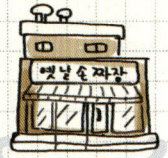

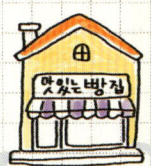

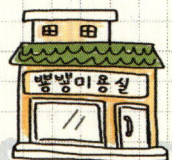

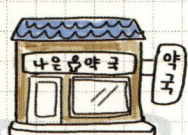

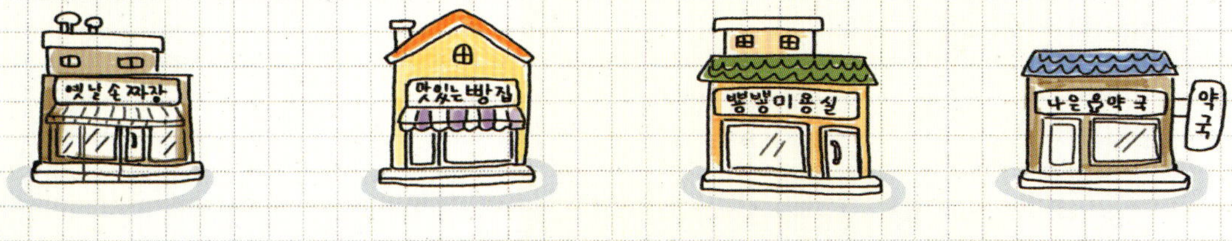

옛날 손 짜장
맛있는 빵집
뱅뱅 미용실
나은 약국
약국

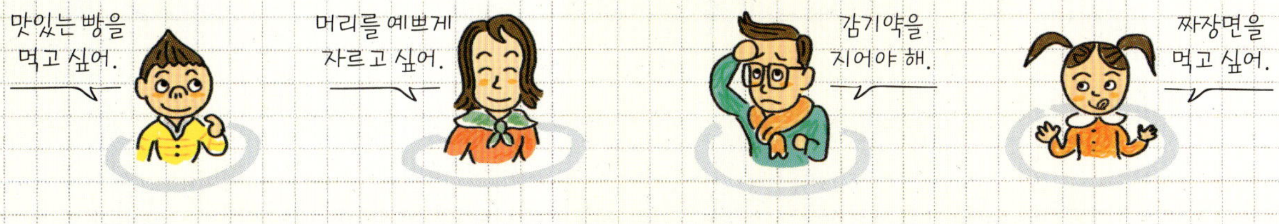

맛있는 빵을
먹고 싶어.
머리를 예쁘게
자르고 싶어.
감기약을
지어야 해.
짜장면을
먹고 싶어.

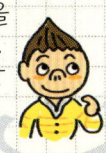

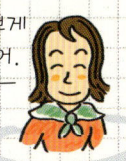

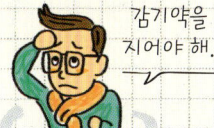

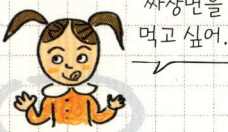

다 같이 동네 한 바퀴

마루네 가족이 두리번거리며 동네를 돌고 있어.
"여보, 얼른 주민 센터부터 찾아봐요!"
"천천히 동네 구경도 하면서 찾아보자고."
엄마가 아빠를 재촉해 보지만 소용이 없어.
사실 아빠랑 마루는 가고 싶은 곳이 따로 있거든.

동네에는 가게가 많아

"이 거리에는 꽃집, 옷 가게, 신발 가게까지 없는 게 없네."
주민 센터부터 가야 한다던 엄마가 동네 구경에 제일 신 났어.
눈에 보이는 가게마다 들어가는 엄마 덕분에
아빠와 마루는 완전히 지쳐 버렸어.

동물 병원에 가면 강아지가 있어

아빠와 마루는 동물 병원을 발견하자마자 눈이 반짝였어.
"아빠, 저 강아지 좀 보세요. 정말 귀여워요!"
강아지를 좋아하는 건 아빠나 마루나 똑같았지.

그림지도를 보며 길을 찾아

"어떻게 강아지를 마음대로 사요?
함께 의논을 해야죠."
엄마가 강아지를 안고 나타난
마루와 아빠를 보자 화를 냈어.
아빠는 미안했는지 얼른 지도에서
주민 센터를 찾아봐.

그림지도는 어디에 무엇이 있는지 알기 쉽도록
그림과 기호를 이용해 간단하게 그린 지도야.

어떤 공공 기관이 있을까?

"엄마, 주민 센터 옆에 도서관과 보건소도 있어요."
"그렇네. 공공 기관이 모여 있어 생활하기 편리하겠어."
엄마가 볼일을 보는 동안 아빠는 강아지와 함께 밖에 있었어.
엄마가 아빠에게 내린 벌이라는데, 아빠는 마냥 싱글벙글해.

누가 동네 사람들을 위해 일할까?

"새로 이사 왔니? 행복동 주민이 된 걸 축하한다."
주민 센터에서 일하는 형이 마루에게 사탕을 주며 말했어.
주민 센터나 도서관 같은 공공 기관에서 만난 사람들은
모두 친절했어. 그래서 마루네 가족은 기분이 좋았지.

소방관은 불이 나지 않게 미리 막고,
불이 나면 불을 끄고 사람을 구해.

도서관에서 일하는 사서는 책을 찾기
쉽게 정리하고, 책에 대해 알려 줘.

경찰관은 나쁜 사람들로부터
사람들의 생명과 재산을 지켜 줘.

주민 센터 직원은 동네 사람들이
편하게 지낼 수 있도록 도와줘.

우편집배원은 편지와 소포를
주소에 맞게 배달해.

공공 기관에서 하는 일을 바르게 설명한 것을 모두 찾아 ○ 하세요.

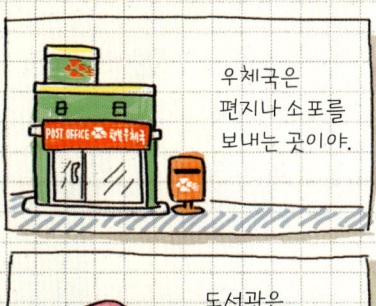
우체국은 편지나 소포를 보내는 곳이야.

보건소는 책을 보거나 빌리는 곳이야.

주민 센터는 사람들의 건강을 돌보는 곳이야.

도서관은 사람들이 안전하도록 지켜 주는 곳이야.

소방서는 불이 났을 때 도움을 주는 곳이야.

경찰서는 사람들이 놀거나 쉬는 곳이야.

초등학교에 입학한 마루

마루가 초등학교에 입학하는 날이야.
이제 한솔 초등학교 1학년이 된 거지.
마루가 횡단보도 앞에서 폴짝폴짝 뛰며 좋아해.
학교에 다니게 된 게 정말 기쁜가 봐.

초록색 불이 켜지면 바로 건널까?

"엄마, 초록색 불이 켜졌어요. 빨리 건너요."

마루가 초록색 불이 켜지자마자 횡단보도에 발을 내디뎠어.

"신호등 불빛이 바뀌었다고 바로 건너면 안 돼. 잠깐 기다려야지."

엄마가 교통안전에 대해 맨날 말하는데도 또 깜빡한 거지.

운전하는 사람들이 보는 차 신호등은 길을 건너는 사람들이 보는 보행 신호등과 달라.

길을 건널 때는 보행 신호등을 잘 봐야 해. 초록색 불일 때 건너고, 빨간색 불일 때는 기다려.

초등학생이 되면 지킬 것이 많아

입학식에서 교장 선생님이 학교생활에 대해 알려 줘.
학교는 크고, 지켜야 할 것도 여러 가지야.
마루는 멋진 초등학생이 될 수 있을까?

학교는 어떻게 생겼을까?

"우리 반 교실은 어떻게 생겼을까요? 다른 곳도 궁금해요."
마루는 들뜬 마음으로 학교를 구경하고 다녀.
오늘 입학한 아이들은 다 같은 마음이겠지?
엄마와 누나는 궁금쟁이 마루를 쫓아다니느라 바빠.

운동도 하고 놀기도 하라고 운동 기구 겸 놀이 기구가 있어.

축구 경기를 할 수 있도록 운동장 양 끝에 축구 골대가 있어.

농구를 할 수 있는 농구대가 있어.

우아, 농구대다! 슛, 골인!

엄마, 마루 좀 보세요.

하하, 학교에 온 건지 놀이터에 온 건지…….

교문은 학교에 드나들 때 지나다니는 문이야.

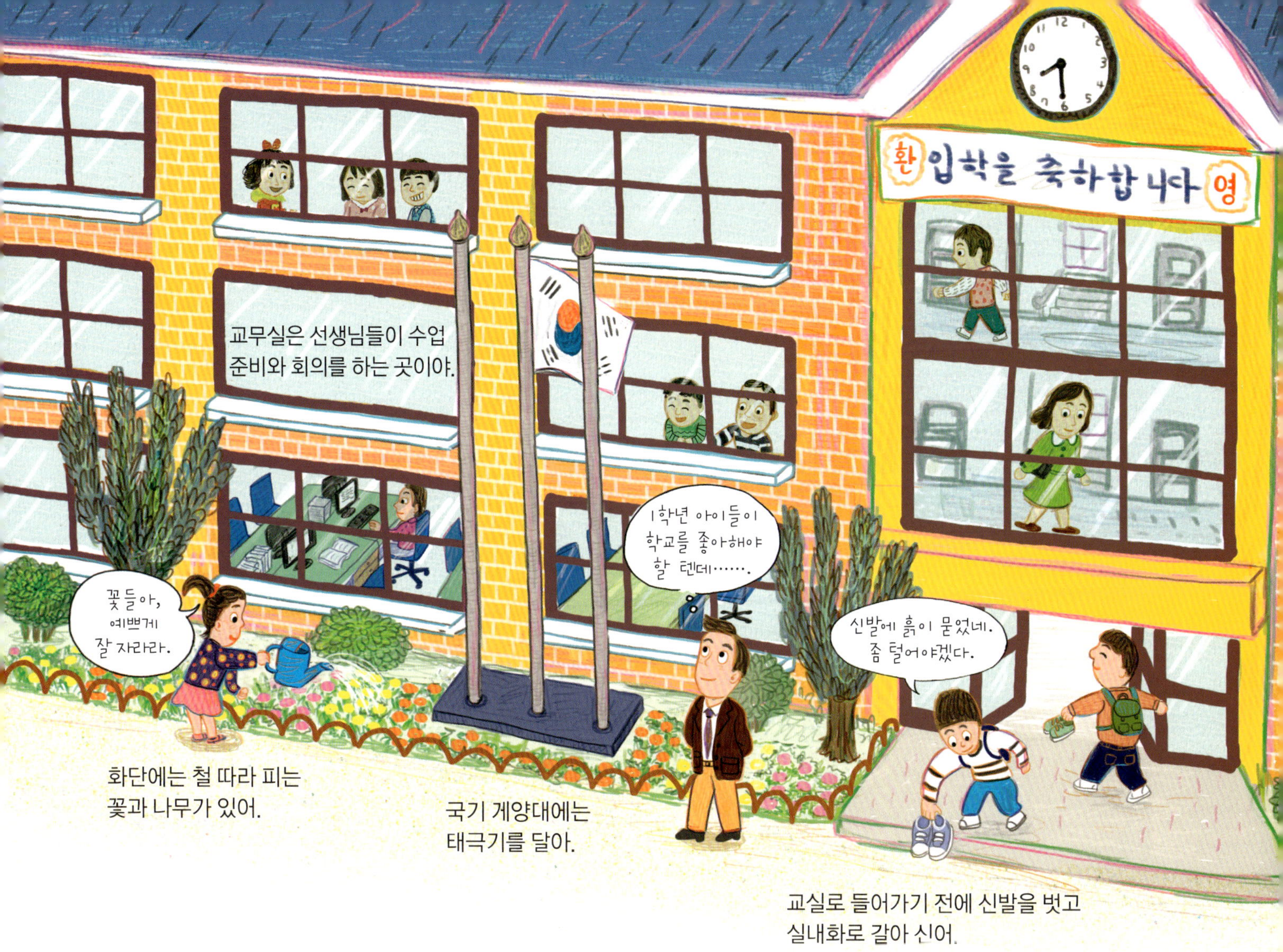

환 입학을 축하합니다 영

교무실은 선생님들이 수업 준비와 회의를 하는 곳이야.

1학년 아이들이 학교를 좋아해야 할 텐데……

꽃들아, 예쁘게 잘 자라라.

신발에 흙이 묻었네. 좀 털어야겠다.

화단에는 철 따라 피는 꽃과 나무가 있어.

국기 게양대에는 태극기를 달아.

교실로 들어가기 전에 신발을 벗고 실내화로 갈아 신어.

그림에서 길을 바르게 건너는 아이를 한 명씩 찾아 윗옷을 색칠하세요.

마루의 학교생활

와글와글, 하하하!
지금은 쉬는 시간이야.
짧은 쉬는 시간은 정말 꿀맛 같아.
친구들과 놀다 보면 금세 종이 울려.

수업 시간은 즐거워

딩동댕, 수업 시작을 알리는 종이 울려.
이번 시간에는 가면 만들기를 한대.
마루는 처음에는 호랑이 가면을 만들까 하다
결국 새로 사귄 짝꿍 얼굴로 가면을 꾸몄어.

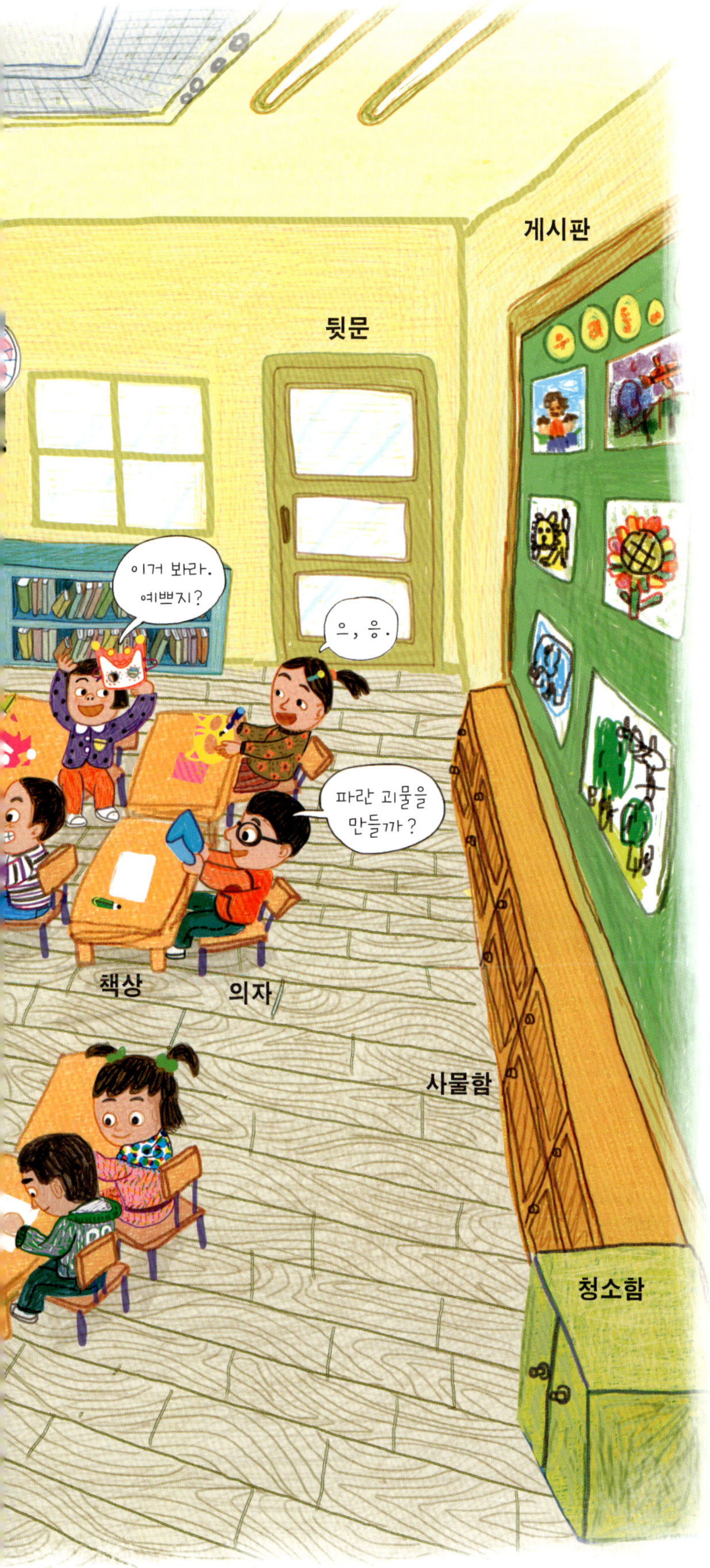

선생님은 시간표에 맞춰 여러 과목을 가르쳐.

쉬는 시간에는 화장실에 다녀오거나 쉬어.

점심시간에는 학교에서 나온 급식을 먹어.

수업이 끝나면 책상과 의자를 똑바로 정리해.

복도에서 천천히 걷는 건 힘들어

초등학생이 된 지 한 달이 지나자 마루도 제법 의젓해졌어.

인사도 잘하고, 학교생활 규칙도 잘 지켜.

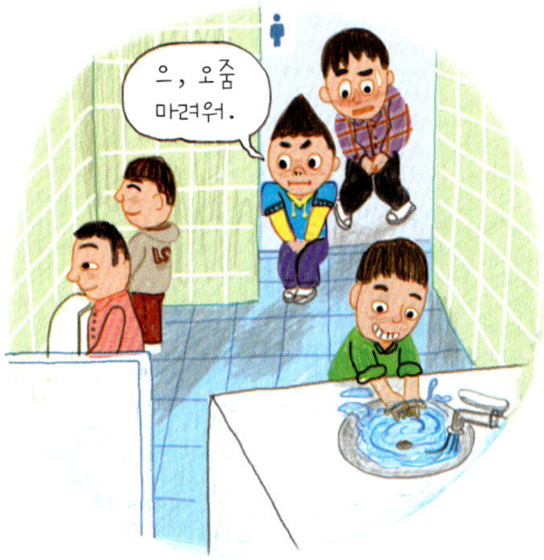

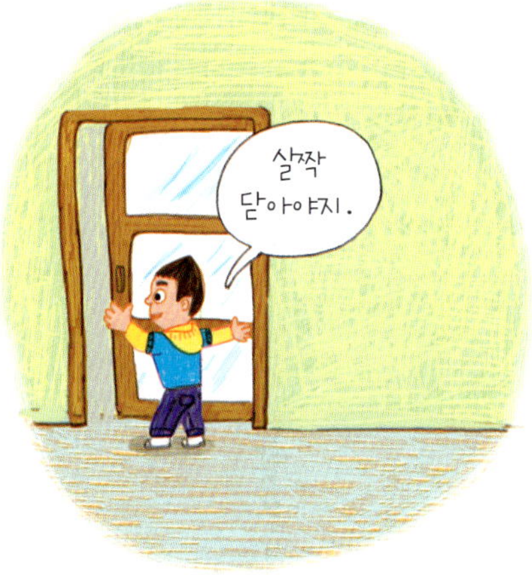

하지만 딱 하나, 아직도 힘들어하는 게 있어.

바로 '복도에서 뛰지 않기'야.

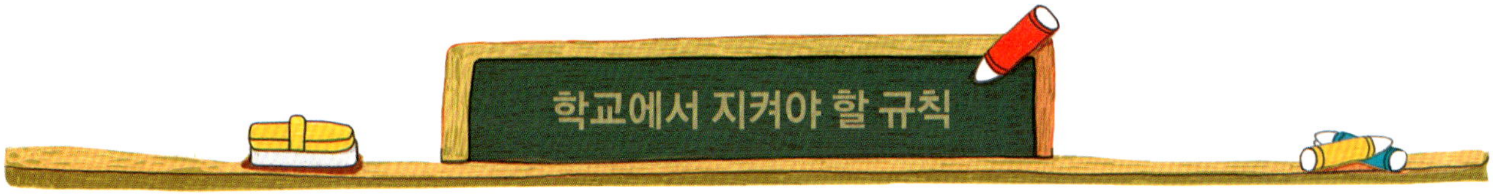

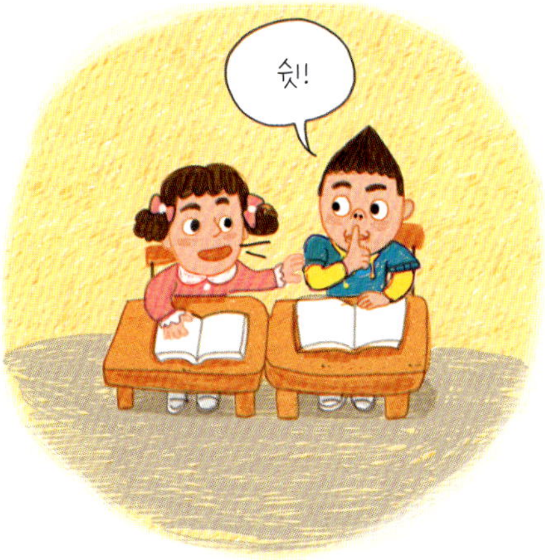

오늘은 내가 일일 반장이야

"엄마, 학교 다녀오겠습니다."
마루는 학교에 가는 게 언제나 즐거워.
오늘은 마루가 반장을 하는 날이라 더 신이 났어.
누나는 반장 선거에 나가는 날이라 좀 떨린대.

일일 반장은 하루 동안 반과 친구를 위한 도우미를 해.

반장 선거하는 차례

선생님이 반장을 뽑는 방법을 알려 줘.

반장 후보자는 자신이 반장이 되면 어떻게 할지 발표를 해.

후보자 중에서 반장으로 뽑고 싶은 친구의 이름을 종이에 써.

후보자의 이름을 쓴 종이를 투표함에 넣어.

누가 몇 표를 얻었는지 알아봐. 표를 가장 많이 얻은 후보자가 반장이 되지.

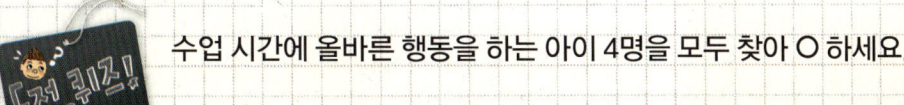
수업 시간에 올바른 행동을 하는 아이 4명을 모두 찾아 ○ 하세요.

기차역에 온 마루

오늘은 시골에 계신 할머니가 마루네 집에 놀러 오셔. 엄마, 누나, 마루는 할머니를 마중하러 기차역에 왔어.
"엄마, 할머니가 타신 기차는 언제 도착해요?"
"3시 도착이니까 이제 10분 정도만 더 기다리면 돼."
마루는 오랜만에 할머니를 만날 생각에 몹시 들떴어.

기차역

기차는 어디 있을까?

마루는 기차역 안에 들어서자마자 기차부터 찾았어.
"와, 저기 기차가 있다. 길이가 정말 기네."
마루는 눈을 반짝이며 주위를 두리번거렸어.
처음 와 보는 기차역이라 신기한 게 많았거든.

지하철을 탈까, 택시를 탈까?

마루가 할머니와 함께 집으로 돌아오는 길이야.

"엄마, 저는 지하철을 타고 싶어요."

"오늘은 할머니도 계시고, 짐도 많으니까 택시를 타자."

마루는 기차와 비슷하게 생긴 지하철을 타 보고 싶었어.

"어멈아, 난 괜찮으니 지하철을 타고 가자꾸나."

택시는 손님이 원하는 곳까지 데려다 줘.

시원한 바람을 맞으며 달리니 기분이 좋네.

자전거는 사람의 힘으로 움직이기 때문에 환경 오염을 막아 줘.

오토바이는 자전거보다 빨라. 안전을 위해 안전모를 써야 해.

버스는 여러 사람을 실어 날라. 정해진 곳에서 타고 내려야 해.

지하철은 땅속에 난 철로를 따라 달려. 길이 막히지 않아 약속 시간을 잘 지킬 수 있어.

지하철은 어디서 타지?

할머니 덕분에 마루는 지하철을 타게 되었어.
“엄마, 지하철 타는 곳이 어디예요?”
“표지판을 잘 살펴보면 알 수 있단다.”
마루가 주위를 둘러보니 택시 정류장, 버스 정류장, 지하철역 입구에 모두 표지판이 있어.

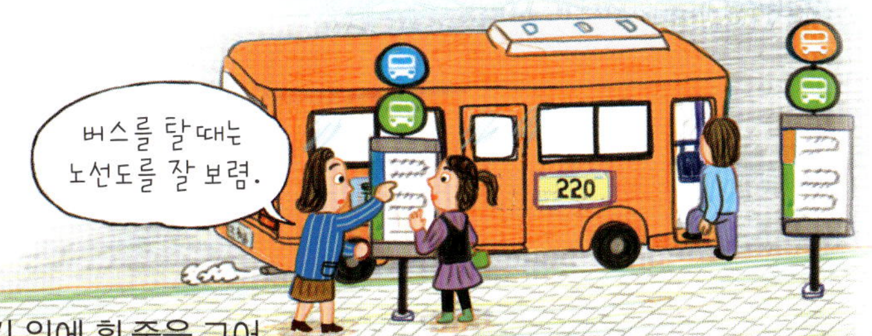
버스 정류장에는 버스 안내판이 있어.
몇 번 버스가 어디로 가는지 알려 줘.
버스를 탈 때는 노선도를 잘 보렴.
220

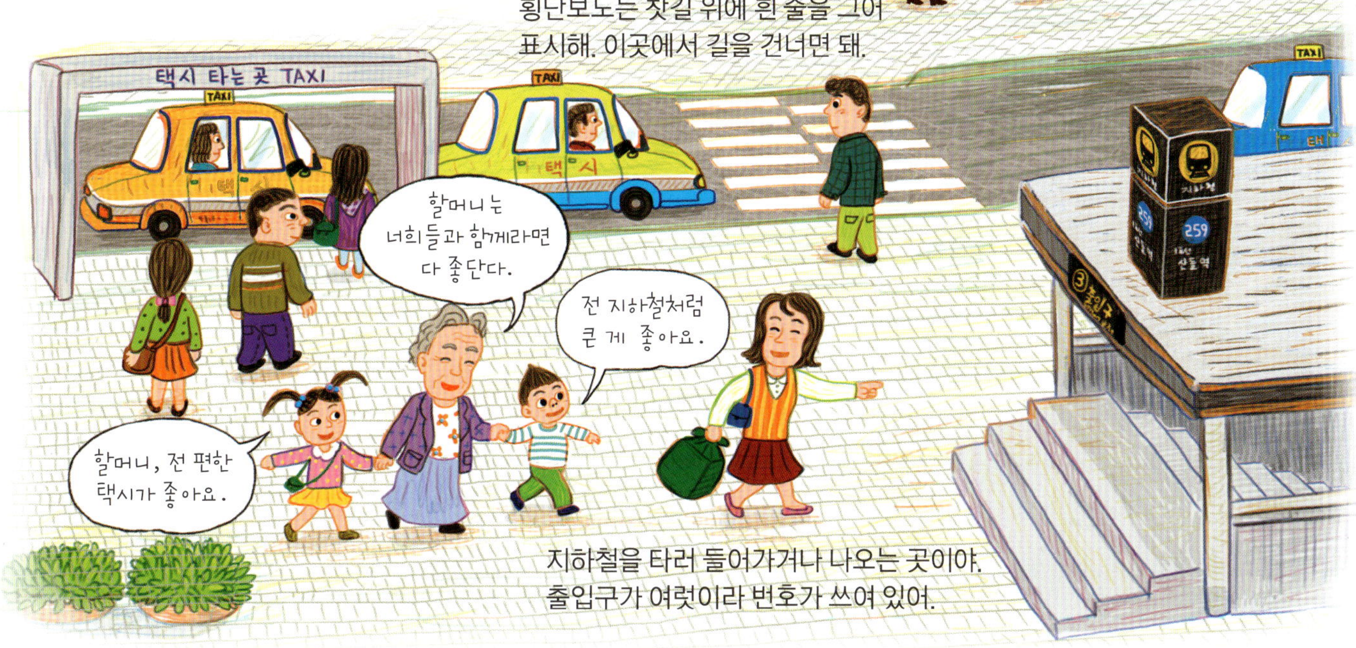
횡단보도는 찻길 위에 흰 줄을 그어 표시해. 이곳에서 길을 건너면 돼.
택시 타는 곳 TAXI
TAXI
택시
할머니는 너희들과 함께라면 다 좋단다.
전 지하철처럼 큰 게 좋아요.
할머니, 전 편한 택시가 좋아요.
259
지하철을 타러 들어가거나 나오는 곳이야.
출입구가 여럿이라 번호가 쓰여 있어.

도전, 퀴즈!

마루네 가족이 말하는 탈것을 타려면 어디로 가야 할까요? 알맞은 곳을 줄로 이으세요.

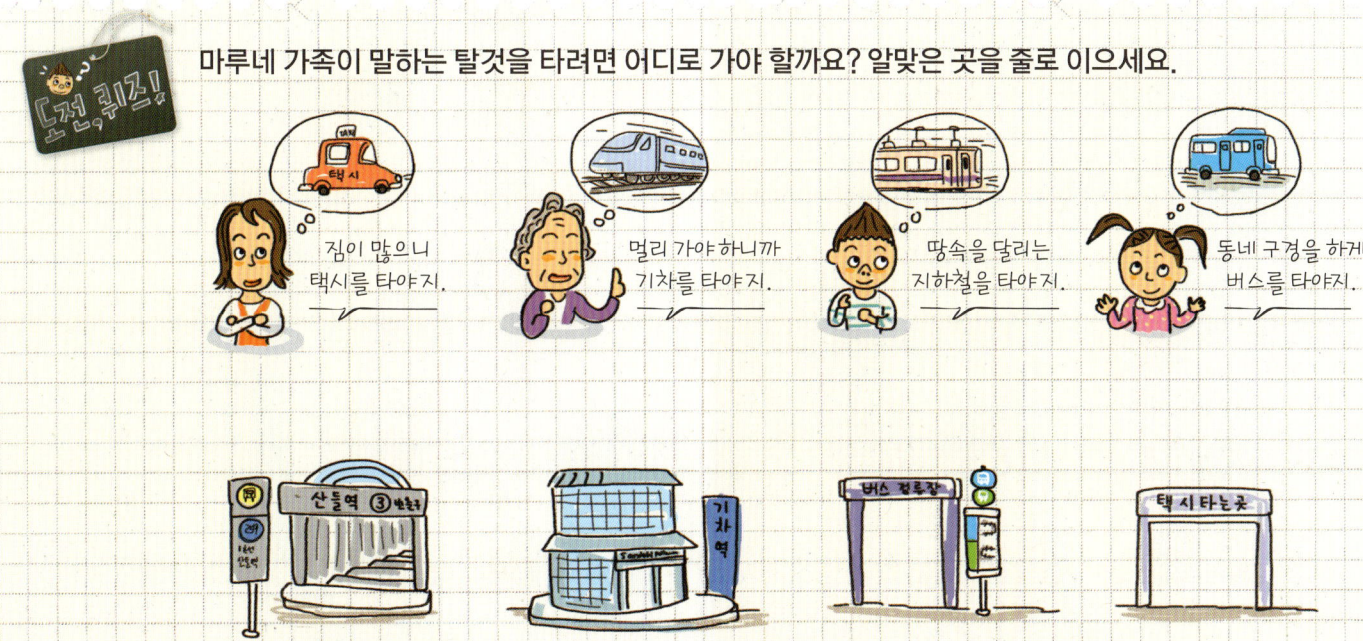

택시
짐이 많으니 택시를 타야지.
멀리 가야 하니까 기차를 타야지.
땅속을 달리는 지하철을 타야지.
동네 구경을 하게 버스를 타야지.
산들역 ③
기차역
버스 정류장
택시 타는 곳

논에는 벼, 밭에는 배추를 길러

딸기 타령을 하던 마루는 논과 밭, 축사, 과수원,
비닐하우스를 구경하는 동안 딸기 따는 걸 깜빡 잊었나 봐.
여기저기 돌아다니느라 시간 가는 줄 모르네.
모내기하는 것도 처음 보니 신기한가 봐.

밭농사는 밭에 감자, 고구마, 배추, 콩, 무 등을 심어 기르는 거야.

과수원에서는 과일 나무를 길러. 농부는 열매가 상하지 않도록 봉투를 씌워 주고 벌레도 잡아.

축사에서는 돼지, 소, 닭 등을 길러. 동물이 잘 자라도록 먹이와 물을 제때 주고 보살펴 줘.

비닐하우스 안은 비바람과 눈이 들어오지 않아 언제나 따뜻해. 비닐하우스 덕분에 겨울철에도 딸기나 여러 채소를 먹을 수 있어.

기계를 이용해서 농사를 지어

"아빠! 저 할아버지가 탄 거, 저도 타고 싶어요."
"흠, 저건 경운기인데 지금은 일하시는 중이라……."
요즘은 여러 기계를 사용해서 농사를 짓거나 가축을 길러.
마루는 다양한 기계로 농사를 짓는 모습이 신기했어.

이앙기는 사람 대신 모를 심어 주는 기계야.
봄에 모내기를 할 때 사용해.

트랙터는 논이나 밭을 고르게 갈 때 써.
옛날에는 소나 말로 땅을 갈았어.

사료 배합기는 많은 양의 사료를
골고루 섞어 줘.

콤바인은 벼나 보리를 거두어들일 때 써.
손으로 하는 것보다 빠르고, 힘도 덜 들어.

경운기는 농촌에서 가장 많이 쓰는 탈것이야.
주로 짐을 실어 나를 때 쓰는데, 짐칸을 떼어 내고
다른 도구를 달아 흙을 갈아엎을 때도 써.

우리가 먹는 건 농촌에서 와

“와! 딸기 따는 게 이렇게 힘든 줄 몰랐어요. 앞으로는 감사하며 먹을 거예요.”
마루가 쪼그린 채 딸기를 따더니 쌀, 배추, 과일 등이
모두 열심히 농사지은 덕분이라는 걸 알게 되었어.

농촌에서 우리 식탁까지

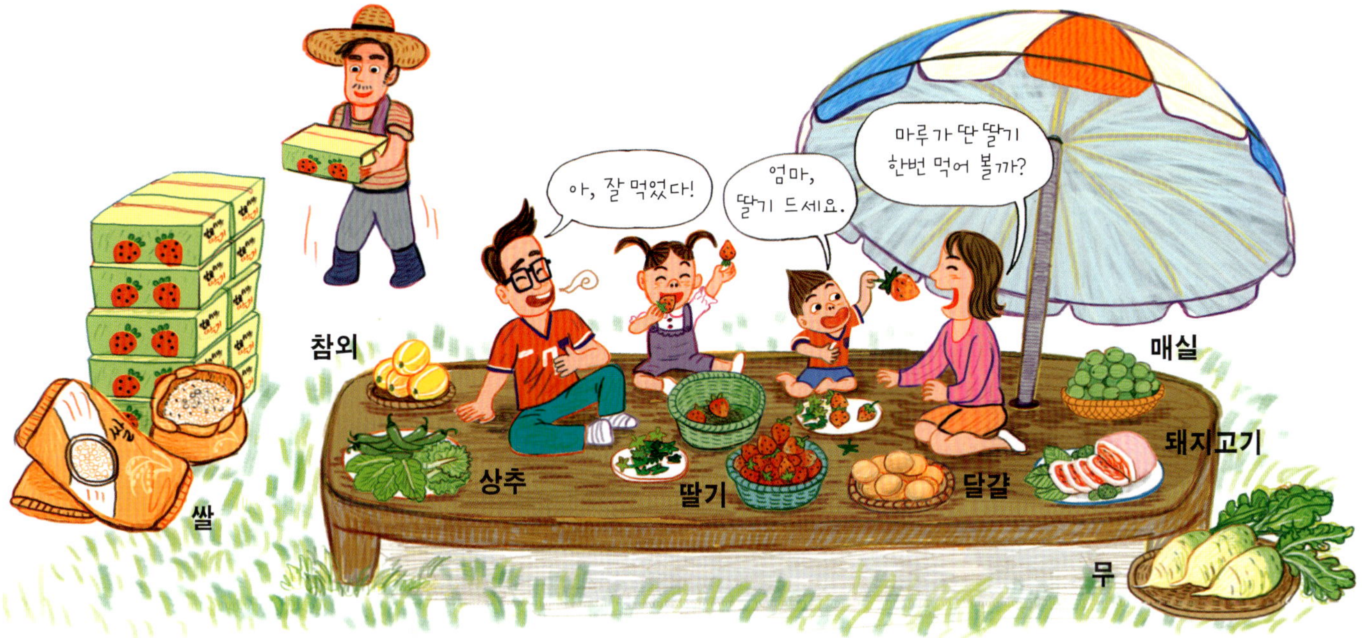

도전, 퀴즈! 농사일을 도와주는 기계와 설명을 알맞게 줄로 이으세요.

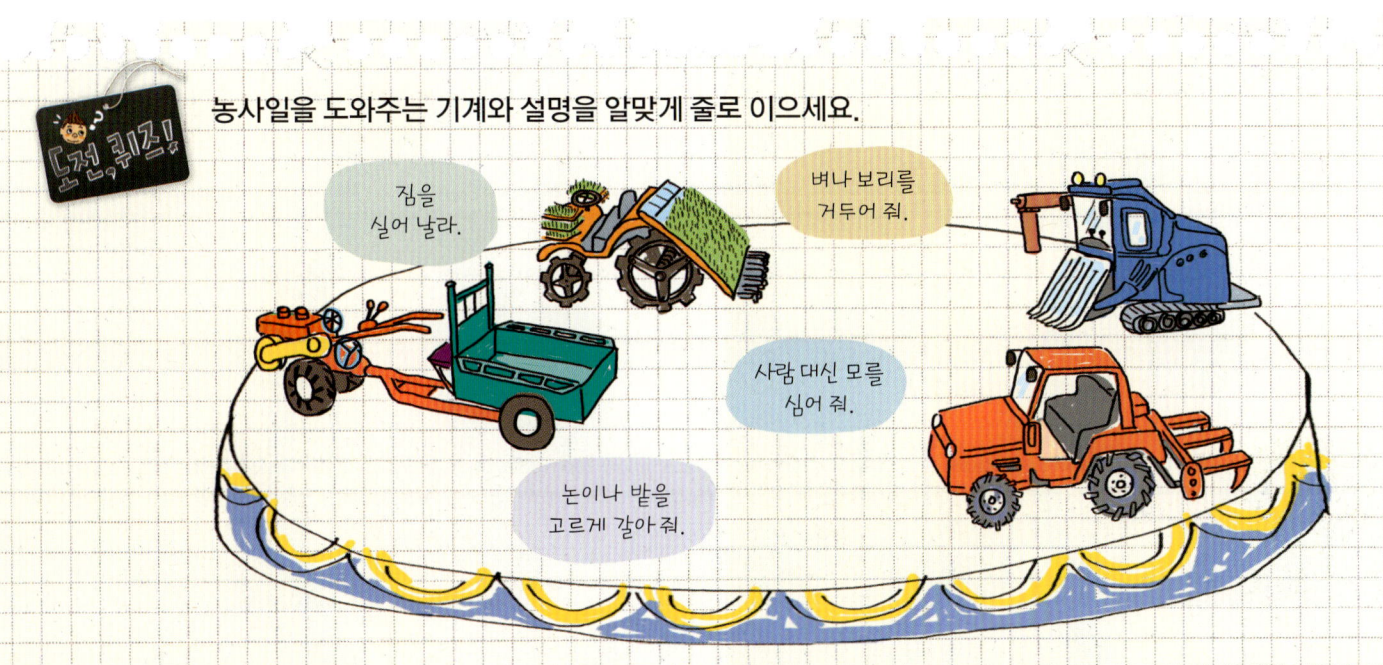

다 모여 있는 박물관

"우아, 옛날에는 저런 옷을 입었구나!"
마루네 가족은 오늘 박물관에 왔어.
박물관은 중요한 물건과 볼거리를 모아 놓은 곳이야.
마루네 가족은 박물관을 둘러보며, 우리 문화를
직접 체험하려고 해.

별의별 박물관이 다 있어

마루는 오늘 여러 가지 주제를 다양하게 보여 주는 종합 박물관에 왔어.
박물관 중에는 탈것, 김치처럼 한 분야에 대한 특별한 박물관도 있어.
다음에는 어떤 박물관을 가 볼까?

종합 박물관에서는 때로 특별한 주제에 대한 전시를 해.

탈 박물관에서는 다양한 탈을 보거나 탈 만들기도 할 수 있어.

김치 박물관에서는 김치 종류와 김치 만드는 방법을 쉽게 알 수 있어.

만화 박물관에 가면 이름난 만화 주인공이나 옛날 만화책을 볼 수 있어.

박물관을 구경하는 방법이 있다고?

"엄마, 여기 화살표만 따라가면 되지요?"
박물관을 돌아볼 때는 전시실 위치를 기억하고, 화살표를 따라가면 돼.
관람법까지 알아 두면 더 잘 볼 수 있을 거야.

박물관 제대로 보기

표를 검사하는 사람에게 입장권을 보여 주고 전시실 안으로 들어가.

전시물 아래나 옆에는 안내문이 붙어 있어. 전시물의 이름과 중요한 정보를 알 수 있지.

해설사의 이야기를 들으며 전시물을 둘러보면 더 쉽고 재미있게 볼 수 있어.

전시물을 볼 때 '내가 만약 옛날에 살았다면?' 하고 상상해 봐. 더욱 흥미진진하게 볼 수 있을 거야.

박물관에서 지켜야 하는 게 있다고?

"마루야, 손으로 만지면 안 돼."
마루는 자신도 모르게 전시물을 만지려다 멈칫했어.
전시물을 함부로 만지면 안 된다는 건 알고 있었지만
전시물이 정말 신기해서 깜박했지 뭐야.

표지판이 모두 알려 줘

"여기서는 사진을 찍으면 안 됩니다."
도우미가 벽에 붙어 있는 표지판을 가리켰어.
바로 사진 촬영 금지 표지판이었지.
그 뒤로 마루는 어떤 표지판이 있는지 눈여겨보았어.

조용히 말해야 돼.

사진을 찍으면 안 돼.

화살표 방향으로 가면 비상구가 있어.

휴대 전화는 사용하면 안 돼.

전시품을 손으로 만지면 안 돼.

와, 표지판이 많네.

박물관에서 잘못된 행동을 하는 아이 4명을 모두 찾아 ○ 하세요.

47

여름휴가는 즐거워

마루네 가족은 어촌에서 여름휴가를 알차게 보냈어.
바다에 들어가 신 나게 헤엄도 치고, 물고기도 잡았지.
다음 날은 가까운 산에서 야영도 했어.
밤하늘에 반짝이던 별은 오래도록 기억날 거야.

여름철 물놀이는 시원하고 즐거워.

텐트에서 야영을 하면 자연을 더 가까이 느낄 수 있어.

낚싯배에서 펄떡이는 물고기를 잡을 때는 가슴이 두근거려.

산속을 걸어 산꼭대기에 오르면 맑은 공기가 정말 상쾌하게 느껴져.

휴가를 보낼 때도 꼭 기억할 게 있어

"어라? 안내판이 또 있어요."

마루는 가는 곳마다 안내판이 보이자 소리쳤어.

즐겁게 놀 때도 안전 규칙은 꼭 지켜야 해.

물놀이도 좋고 낚시도 좋지만, 몸을 다친다면 큰일이잖아.

 물이 잘 빠지는 곳에 텐트를 쳐야 빗물이 스며들지 않아.

 미끄러지지 않는 신발을 신어야 해.

 높은 파도가 칠 수 있으니 항상 얕은 물에서 놀아야 해.

 물에 들어가기 전에는 꼭 준비 운동을 해.

 물에 빠진 사람을 보면 직접 구하려 하지 말고 빨리 어른에게 알려.

 낚싯배에서 벌떡 일어나면 배가 흔들릴 수 있으니 조심해야 해.

 배가 물살에 흔들리면 멀미가 날 수 있으니 미리 멀미약을 먹도록 해.

어촌에서는 할 일도 많아

"아빠, 저기 고깃배가 들어와요."
새로운 걸 좋아하는 마루는 바닷가 마을에서도 신이 났어.
낚싯배 타러 요리로, 양식장 보러 조리로.
마루는 온종일 바닷가 마을을 누비고 다녀.

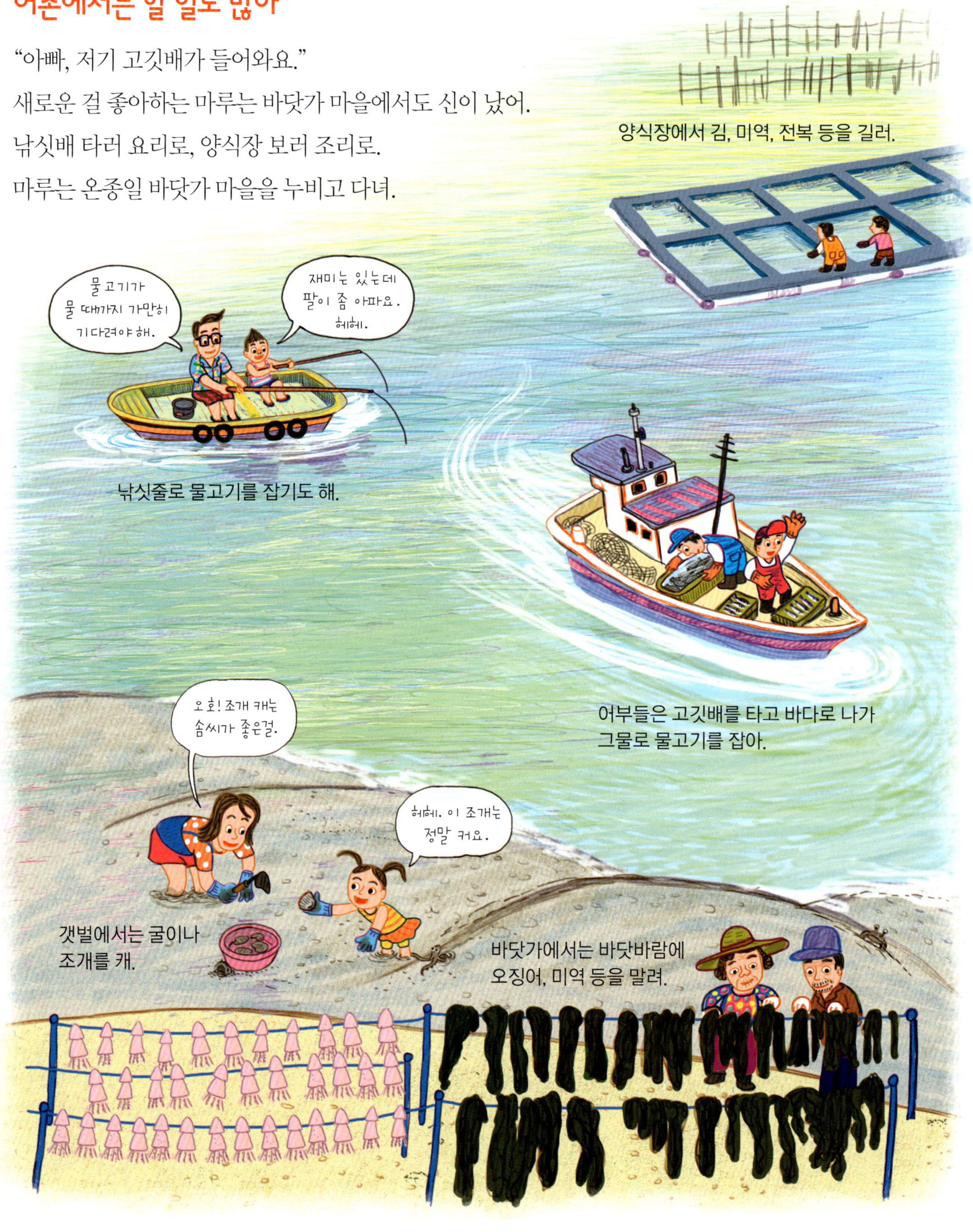

양식장에서 김, 미역, 전복 등을 길러.

낚싯줄로 물고기를 잡기도 해.

어부들은 고깃배를 타고 바다로 나가 그물로 물고기를 잡아.

갯벌에서는 굴이나 조개를 캐.

바닷가에서는 바닷바람에 오징어, 미역 등을 말려.

바다 냄새 가득한 어시장을 구경해

마루네는 포구에 있는 어시장에 들렀어.
이른 아침인데 물고기를 가득 잡은 고깃배가 들어오고,
싱싱한 해산물을 사러 온 사람들로 시끌벅적해.
"얘들아, 생선 매운탕과 조개구이 해 먹을까?"
마루는 벌써 침이 꼴깍 넘어가.

"새우랑 해삼도 좀 살까요?"

"전복이 이렇게 생겼구나. 신기하다."

물놀이 규칙이 바르게 쓰인 표지판을 모두 찾아 테두리를 색칠하세요.

- 물에 들어가기 전에는 밥을 먹어야 해.
- 물이 잘 빠지는 곳에 텐트를 쳐야 해.
- 물놀이할 때는 미끄러운 신발을 신어야 해.
- 물에 빠진 사람은 얼른 뛰어들어 구해야 해.
- 바다에서는 얕은 물에서 놀아야 해.

아플 때 가는 병원

"엄마, 아파요. 아야!"
"마루야, 조금만 참아. 병원에 다 왔어."
이를 어쩌나? 마루가 미끄럼틀 위에서 떨어졌어.
아빠와 엄마는 마루를 데리고 병원으로 달려왔어.
"저, 응급실이 어딘가요?"

병원에서는 많은 사람이 일해

응급실에 들어서니 의사와 간호사들이 바삐 움직이고 있었어.
응급실은 교통사고 환자나 밤에 갑자기 아파 치료를
받아야 하는 환자가 찾아오는 곳이라 항상 바쁘거든.
"자, 어디가 아프니?"
의사 선생님이 묻자 마루는 여기저기 다 아프대.

구급대는 위험에 빠지거나 생명이 위태로운 환자를 병원으로 안전하게 데려다 줘.

사무원은 환자들의 진료 접수를 받고, 치료비를 계산해 줘.

힝, 배도 아프고, 머리도 아프고, 팔도 아파요.

간호사는 의사가 환자를 치료하는 것을 돕고 환자를 돌봐.

이쪽으로 오세요.

피 검사를 먼저 해 주세요.

의사는 환자의 아픈 곳을 찾아내고 병을 치료해.

종합 병원에는 무엇이 있을까?

마루는 응급실에서 간단히 진료를 받은 뒤, 여러 검사를 받았어.
무엇 때문에 아픈지, 어떻게 치료해야 할지 알아내기 위해서야.
종합 병원은 접수처, 검사실, 진료실, 입원실 등이 있어 크고 복잡해.

진료실은 의사가 환자의 병을 살펴보고 치료하는 곳이야.
아픈 곳에 따라 정형외과, 치과, 안과, 내과 등 진료실이 달라.

병실은 환자가 병을 치료하기 위해 병원에서 머무는 방이야.

수술실은 의사가 의료 도구를 이용해서 환자 몸속의 병을 치료하는 곳이야.

채혈실은 피를 뽑는 곳이야. 피를 이용해 어디가 아픈지를 알아보지.

촬영실은 방사선이나 첨단 의료 기구를 이용하여 몸속을 검사하는 곳이야.

접수, 수납하는 창구는 진료 예약이나 입원, 퇴원 등을 신청하고, 진료비를 내는 곳이야.

아픈 곳에 따라 가는 병원이 달라

다행히 마루는 단순히 뼈가 빠진 거라는 검사 결과가 나왔어.
의사 선생님은 마루의 팔을 만지더니 툭 하고 팔을 끼워 넣었어.
"이만하길 다행이다. 이제 다 나았으니 집에 가서 쉬렴."
순식간에 마루의 아픔이 사라졌지 뭐야.
와, 의사 선생님 손이 약손인 걸까?

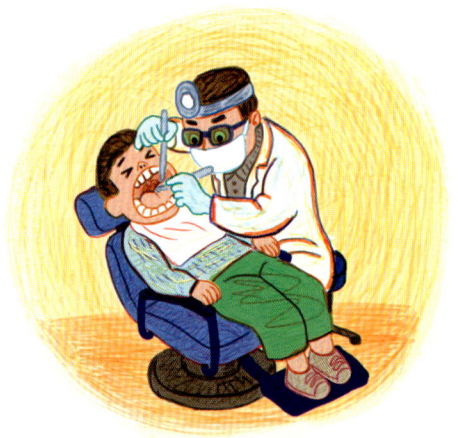

치과는 이가 썩거나 잇몸이 아플 때 치료 받는 곳이야.

정형외과는 뼈나 근육을 다쳤을 때 치료 받는 곳이야.

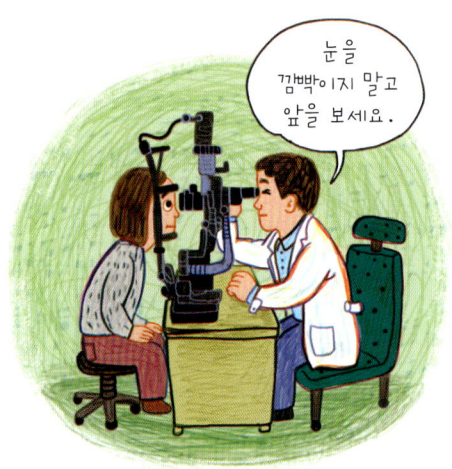

안과는 눈이 아프거나 시력을 검사할 때 가는 곳이야.

소아 청소년과는 어린이와 청소년이 가는 병원이야. 주로 감기나 배탈이 났을 때 가.

병원에서도 규칙을 지켜야 해

"엄마, 신기하게 이제 하나도 안 아파요."
마루는 아주 기뻐서 껑충껑충 뛰며 돌아다녔어.
그러다 그만 목발을 짚은 아저씨와 부딪칠 뻔했지 뭐야.
"어이쿠! 병원은 놀이터가 아니란다. 여기서 뛰면 큰일 난다."
마루는 몹시 부끄러워서 얼굴이 화끈거렸어.

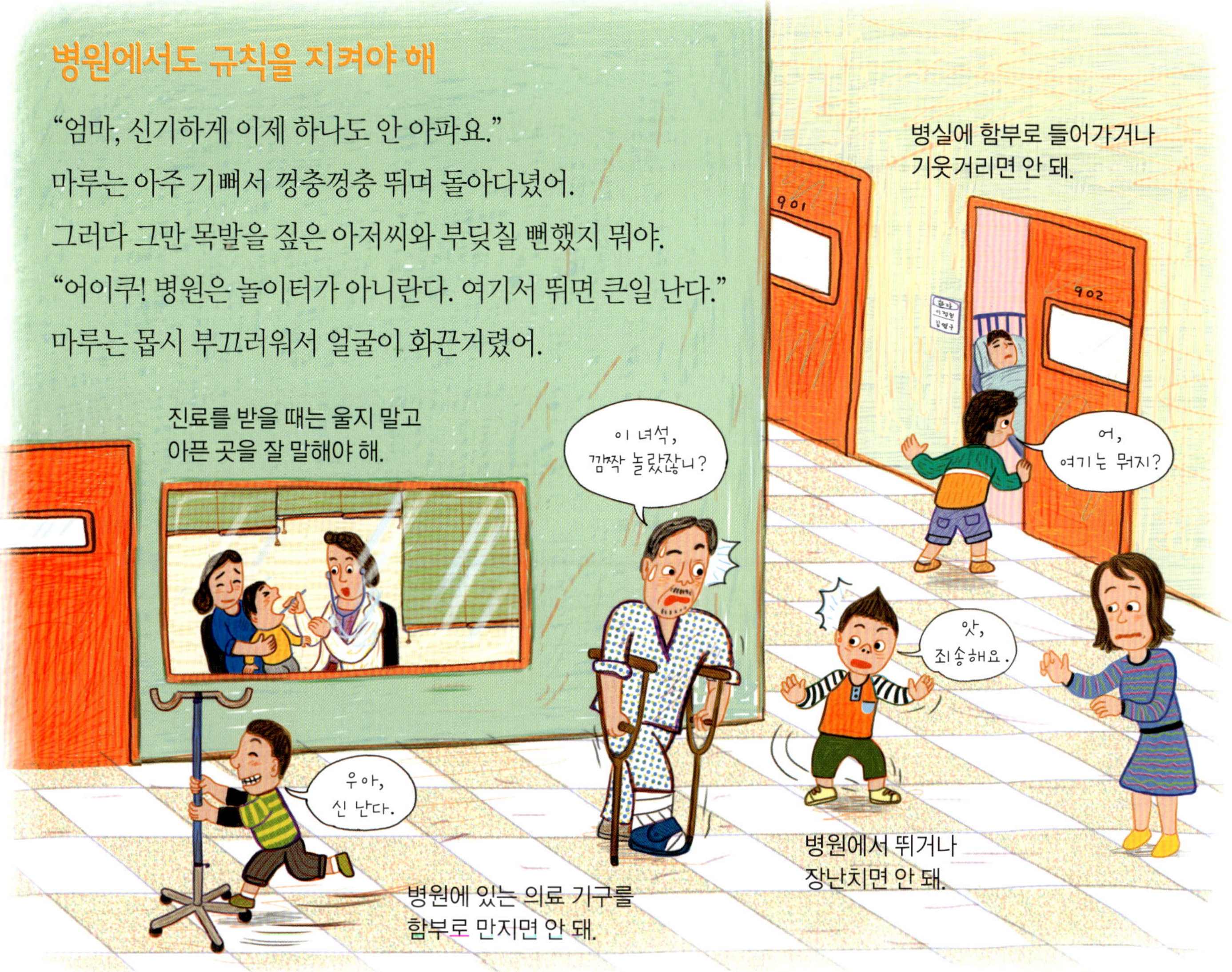

진료를 받을 때는 울지 말고 아픈 곳을 잘 말해야 해.

이 녀석, 깜짝 놀랐잖니?

병실에 함부로 들어가거나 기웃거리면 안 돼.

어, 여기는 뭐지?

앗, 죄송해요.

우아, 신 난다.

병원에 있는 의료 기구를 함부로 만지면 안 돼.

병원에서 뛰거나 장난치면 안 돼.

친구들이 치료를 받으려면 어디로 가야 할까요? 알맞게 줄로 이으세요.

 이가 썩어서 아파.

 눈병이 나서 눈이 빨개.

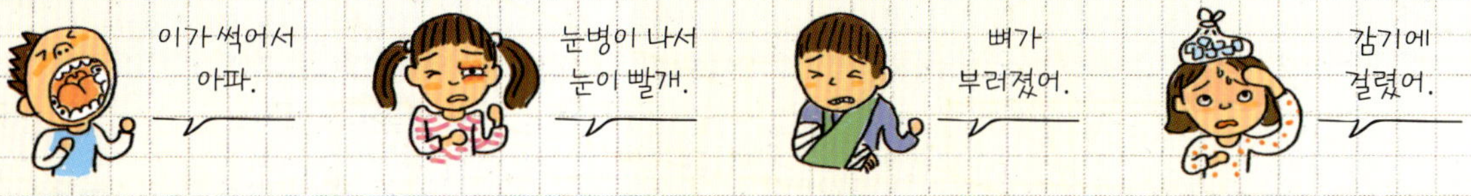

 뼈가 부러졌어.

 감기에 걸렸어.

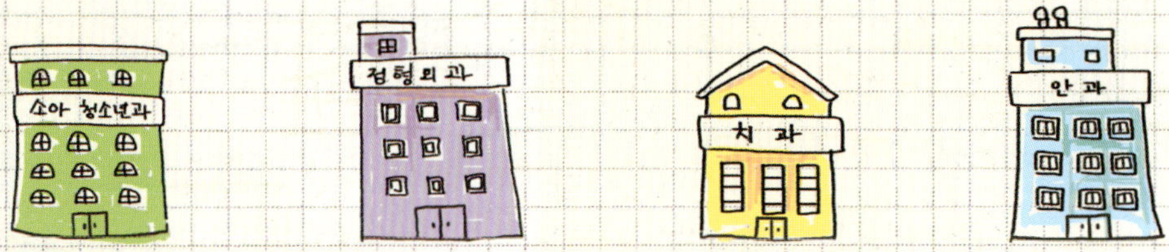

소아 청소년과 　　정형외과 　　치과 　　안과

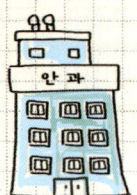

친척이 다 모이는 추석

"할머니, 마루 왔어요!"

"어서 오너라, 우리 손주!"

추석을 맞아 큰아빠 댁에 가자 할머니는 마루를 반갑게 안아 주셨어.

큰아빠 댁에는 할머니, 큰아빠, 큰엄마, 사촌 형과 동생이 함께 살아.

할머니는 온 가족이 모두 모여 시끌벅적한 게 흐뭇하신가 봐.

추석에는 뭘 할까?

추석날 아침에는 햅쌀로 빚은 송편과 햇과일,
여러 음식을 준비해서 조상에게 차례를 지내.
추석날 밤에는 둥근 보름달을 보며 소원을 빌어.

추석에는 떨어져 살던 가족과 친척이
모두 모여 즐거운 시간을 보내.

추석에는 햅쌀로 빚어 솔잎을 깔고
찐 반달 모양의 송편을 먹어.

추석에는 새로 거둔 곡식과 과일을
조상님들이 먼저 맛보시라고 차례를 지내.

추석에는 크고 둥근 보름달이 떠.
달을 보며 소원을 빌면 이루어진대.

추석에는 한복을 입어

"엄마, 옷고름 매 주세요."
마루와 누나는 추석을 맞아 한복을 입었어.
그런데 명절에만 한복을 입어서인지 입는 방법을 잘 모르네.

가족의 모습이 저마다 달라

마루는 사촌 형과 이야기하다 가족에도 종류가 있다는 걸 알았어.

"아빠, 왜 큰아빠네는 대가족이고, 우리는 핵가족이에요?"

"큰아버지 가족은 할머니와 함께 살아서 대가족이란다."

핵가족이나 대가족 말고, 또 어떤 가족이 있을까?

삼촌을 작은아빠라고 불러

"삼촌, 삼촌!"

"마루야, 삼촌도 결혼을 했으니 작은아빠라고 부르렴."

마루는 아직 삼촌을 작은아빠라고 부르는 게 어색해.

아빠는 마루에게 친척들을 어떻게 불러야 하는지 알려 주었어.

추석에 대한 글이 맞으면 O를, 틀리면 X를 색칠하세요.

추석에는 조상님에게 차례를 지내. O X

추석에는 떡국을 끓여 먹어. O X

추석에는 한복을 입어. O X

설레는 방송국 구경

오늘 마루는 노래자랑에 나가는 친구를 응원하러 방송국에 왔어.
방청객을 초대해 스튜디오에서 공개 녹화를 하는 날이거든.
"와, 진짜 방송국이에요! 제가 좋아하는 가수는 어디 있을까요?"
마루가 가수를 보려고 두리번거리자 엄마는 혀를 찼어.
"마루야, 오늘 넌 친구를 응원하러 온 거야. 그걸 잊지 마."

방송국에는 방도 사람도 많아

"엄마, 우리 방송국 구경 한번 해 봐요."
마루는 화려한 옷차림의 연예인과 카메라를 든 사람들,
분장실, 스튜디오처럼 새로운 곳을 보느라 정신이 쏙 빠졌어.
방송국 이곳저곳에는 저마다 맡은 일을 하는 사람들로 북적였어.

스튜디오는 여러 장비를 갖추고 방송을 하는 곳이야. 노래, 요리, 퀴즈 등 프로그램에 따라 스튜디오에서 미리 녹화를 하거나 생방송을 해.

드라마 스튜디오는 방 안, 마당, 골목길처럼 드라마 내용에 어울리는 장소로 꾸며져 있어.

분장실에서는 출연자가 방송 준비를 하며 분장을 해.

소품실에는 방송에 필요한 물건을 보관해.

의상실에는 방송에 필요한 옷이나 모자 따위를 모아 둬.

주조정실은 시각에 맞춰 텔레비전이나 라디오로 방송을 내보내는 곳이야.

편집실은 촬영한 영상 가운데 좋은 장면만 이어 붙여 방송용 영상을 만드는 곳이야.

방송국에서는 무엇을 쓸까?

마루는 드디어 스튜디오의 방청석에 자리를 잡았어.
무대 위에 눈부시게 밝은 조명이 켜지고,
노래 부를 출연자를 위한 마이크가 놓였어.
커다란 카메라가 공중에서 움직이기도 해.

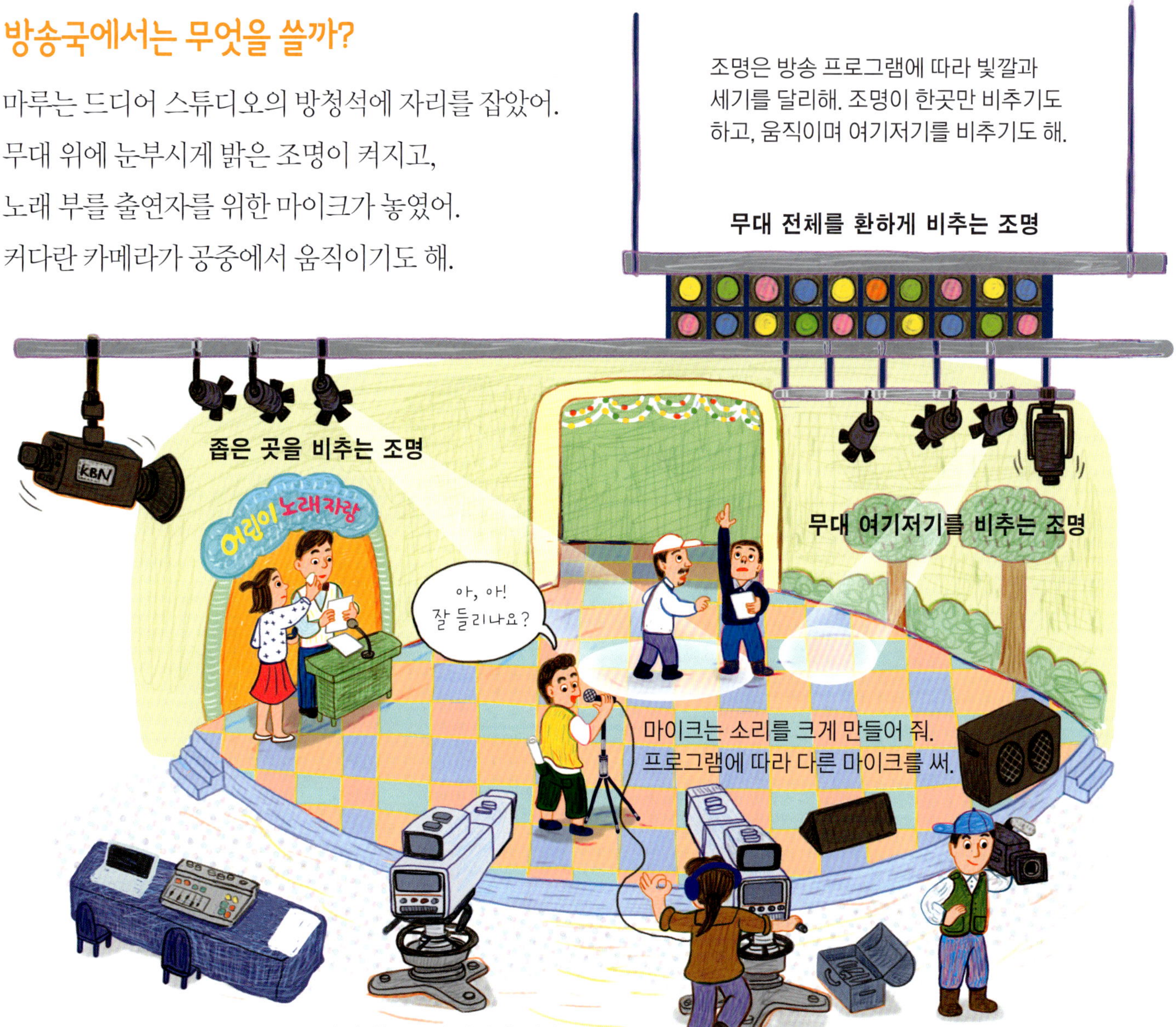

조명은 방송 프로그램에 따라 빛깔과 세기를 달리해. 조명이 한곳만 비추기도 하고, 움직이며 여기저기를 비추기도 해.
무대 전체를 환하게 비추는 조명
좁은 곳을 비추는 조명
KBN
어린이 노래자랑
무대 여기저기를 비추는 조명
아, 아! 잘 들리나요?
마이크는 소리를 크게 만들어 줘. 프로그램에 따라 다른 마이크를 써.

카메라는 무대 앞이나 위에
설치해서 방송에 나갈 화면을 찍어.

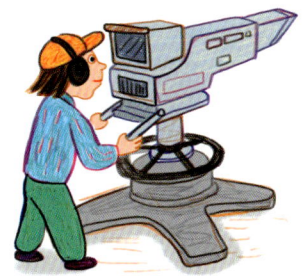

스튜디오에 설치해 놓고
찍는 방송용 카메라

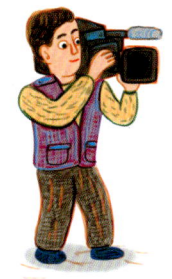

어깨에 메고 움직이며
찍는 이엔지(ENG) 카메라

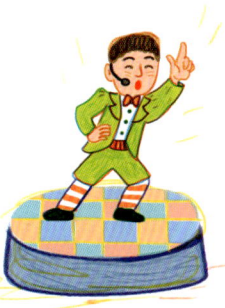

귀에 걸치거나
옷에 꽂는 마이크

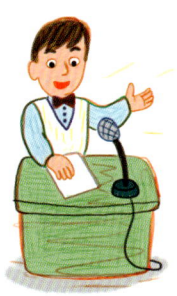

탁자 위에 올려놓고
쓰는 마이크

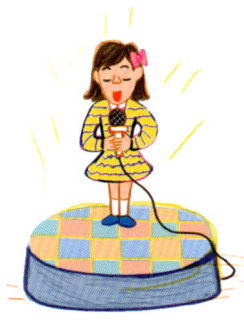

손에 들고 쓰는
마이크

"자, 모두 준비되었나요? 녹화 들어갑니다."
노래자랑 프로그램의 녹화가 드디어 시작되었어.
"엄마, 웃긴 표정을 하면 저도 텔레비전에 나올까요?"
이런, 마루가 친구를 응원해야 하는 걸 까먹었나 봐.

방청객은 프로그램에 함께 참여하기도 하고, 웃거나 박수를 치며 프로그램을 재미있게 만들어 줘.

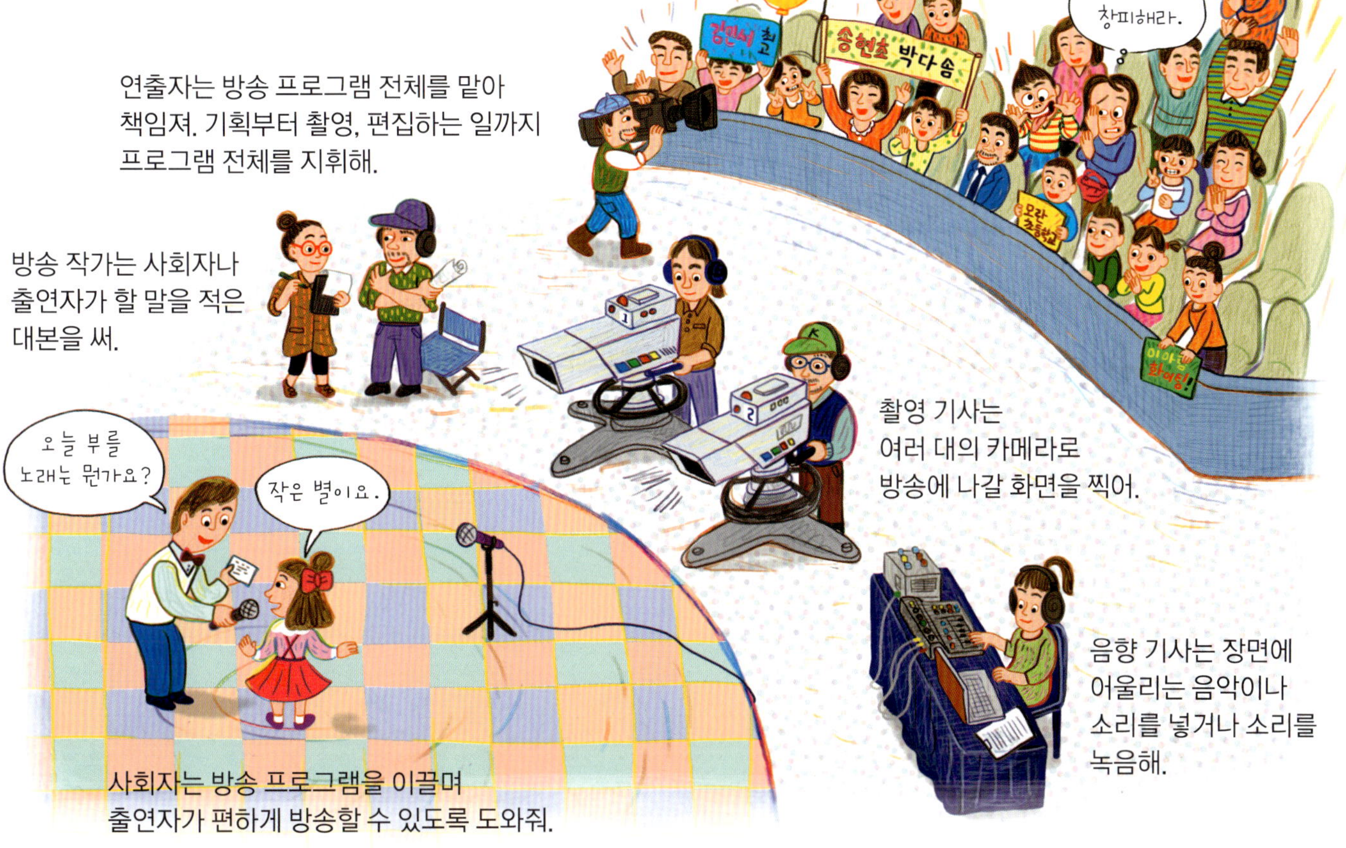

연출자는 방송 프로그램 전체를 맡아 책임져. 기획부터 촬영, 편집하는 일까지 프로그램 전체를 지휘해.

방송 작가는 사회자나 출연자가 할 말을 적은 대본을 써.

촬영 기사는 여러 대의 카메라로 방송에 나갈 화면을 찍어.

음향 기사는 장면에 어울리는 음악이나 소리를 넣거나 소리를 녹음해.

사회자는 방송 프로그램을 이끌며 출연자가 편하게 방송할 수 있도록 도와줘.

방송국에서 쓰는 물건이나 일하는 사람만 따라가며 줄을 그으세요.

조명 / 신호등 / 냄비
삽차 / 중계차 / 마이크 / 빗자루
화가 / 의사 / 탤런트 / 카메라

재미있는 시장 구경

"아저씨, 배추 한 포기에 얼마예요?"
"3000원이에요. 많이 사면 싸게 드릴게요."
사람들로 북적북적한 이곳은 행복동 재래시장이야.
마루는 엄마와 함께 김장거리를 사러 시장에 왔어.
물론 마루는 떡볶이를 눈여겨보고 있지만 말이야.

어느 시장에 갈까?

재래시장은 오래전부터 있던 시장이야.
마루가 자주 가던 대형 할인점과 다르게
여러 가게가 모여 있고, 가게마다 주인이 있어.
손님을 부르는 소리, 물건값을 깎는 소리로 시끌벅적해.

농산물 시장에서는 과일,
곡식, 채소를 팔아.

수산물 시장에서는 생선이나
조개, 미역, 김 따위를 팔아.

축산물 시장에서는 소고기,
돼지고기, 닭고기를 팔아.

"엄마, 길 건너 대형 할인점에는 이제 안 가요?"
"거기는 필요한 물건이 많을 때 한꺼번에 사러 갈 거야.
대형 할인점에 가면 물건을 많이 사게 돼서 낭비할 때도 있거든."
"아, 필요한 물건에 따라 다른 곳에 가서 사는구나."

대형 할인점은 커다란 건물에 온갖 물건을 파는 코너가 한데 모여 있어.

물건값을 치를 땐 돈을 사용해

"엄마, 오늘 배추를 많이 살 거니까 돈도 많이 가져왔겠네요?"
"호호, 마루가 이제 별게 다 궁금하구나.
오늘은 돈을 얼마나 쓸지 몰라서 신용 카드를 가져왔단다."

동전은 쇠붙이로 만든 돈이야.
1원짜리부터 500원짜리까지 있어.

지폐는 종이 돈이야. 1000원짜리부터
50000원짜리까지 있어.

신용 카드는 물건값을 나중에
내겠다고 미리 약속해 놓은 거야.

배추는 시장에 어떻게 올까?

"아저씨, 조금만 더 싸게 주세요."
"에이, 안 돼요. 배추는 우리가 가장 싸요. 밭에서 바로 가져오니까."
엄마는 배추값을 깎아 보려고 애썼지만 소용이 없었어.
정말 밭에서 직접 가져오면 배추값이 쌀까?

시장에 가면 누가 있을까?

"아주머니, 배추 배달원은 점심 먹고 보낼게요."
"네, 그렇게 하세요."
앗, 벌써 점심시간이네. 마루는 엄마를 졸랐어.
"엄마, 배고파요. 떡볶이 먹으러 가요."
"그럴까? 우리도 점심 먹자."

채소 가게 주인은 물건을 팔고, 소비자는 물건을 사.

배달원은 소비자가 산 물건을 집까지 가져다줘.

어떤 시장으로 가야 할까요? 알맞은 곳을 줄로 이으세요.

농산물 시장 / 축산물 시장 / 수산물 시장

고등어를 살 거야.
사과를 사고 싶어.
돼지고기를 사야겠군.

새해맞이 종소리 듣기

오늘은 한 해의 마지막 날인 12월 31일이야.
마루네와 작은집 가족이 제야의 종소리를 들으러 왔어.
"마루야, 복잡하니까 엄마 옆에 꼭 붙어 있어야 해."
마루는 집채만 한 크리스마스트리와
커다란 전광판이 번쩍거리는 밤 풍경에 눈이 휘둥그레졌어.

바글바글 복잡복잡, 도시는 어떤 곳일까?

제야의 종소리를 들은 마루네는 베트남이 고향인 작은엄마를 위해 다문화 전시장에 들르기로 했어.
"휴, 길거리에 차와 사람이 가득 차서 걷기도 힘드네."
가는 곳마다 가족이나 친구와 함께 새해를 맞는 사람들로 붐볐어.
드디어 전시장이 보이자 작은엄마의 발걸음이 빨라졌어.

도시에는 정부 기관이나 관공서가 많아.

도시에는 사람들이 많이 모여 살아서 백화점이나 쇼핑센터도 많아.

도시에는 물건 파는 가게와 음식점, 찻집도 많아.

도시에는 공연장, 극장 같은 문화 시설이 많아.

"아, 아이스크림 맛있겠다."

"쟤도 나만큼 먹을 거 좋아하네."

새해맞이는 어느 나라에서나 기쁜 일이야

전시장에는 다른 나라의 새해맞이 모습을 찍은 사진이 전시되어 있어.
작은엄마의 나라인 베트남에서는 수박을 먹는대.
나라마다 조금씩 다른 음식을 먹거나 다른 행동을 하지만,
행복한 얼굴로 새해를 맞는 것은 모두 똑같았어.

머리가 커서 베트남 모자가 꽉 끼네.

베트남에서는 설날에 수박을 잘라 봐. 빨갛게 잘 익었으면 좋은 일이 생길 거라 여긴대.

불가리아에서는 설날에 손님이 재채기를 하면 행운이 온다고 생각한대.

멕시코에서는 12달을 뜻하는 포도 12알을 1알씩 먹으면서 새해의 소원을 빌어.

스코틀랜드에서는 새해가 되면 수많은 사람들이 모여 햇불을 들고 행진을 해.

한겨울에도 도시는 활기차

"이야, 밤 풍경이 진짜 화려하네."
마루네 가족은 손에 손을 잡고 시내 여기저기를 돌아다녔어.
마루 엄마, 아빠도 콧노래를 부르며 주위를 돌아보기 바빠.
겨울을 맞은 도시의 모습은 색다르기만 했거든.

스케이트 재미있겠다. 우리도 타요!

겨울에는 시내에 스케이트장이 만들어지기도 해.

겨울에는 어려운 이웃을 돕는 구세군 냄비를 볼 수 있어.

겨울에 먹는 군고구마와 군밤은 정말 맛있어.

한 해 동안 고마웠던 사람들에게 줄 선물을 준비해.

올해 안녕, 새해 안녕!

펑, 펑, 펑! 하늘 위로 불꽃이 터졌어.
불꽃놀이를 하며 새해를 맞은 기쁨을 나누는 거야.
"제야의 종을 치는 걸 직접 보다니, 지금도 가슴이 두근거려요."
마루네 가족은 불꽃놀이를 보며 저마다 소원을 빌었어.
"올해야, 잘 가. 새해야, 어서 오렴."

"마루야, 무슨 소원을 빌었니?"

"세계 평화를 빌었어요."

"설마, 그럴 리가?"

"허허. 마루가 생각보다 의젓하네."

겨울에 대한 설명이 바르게 쓰인 선물 상자만 찾아 ○ 하세요.

- 12월 31일은 한 해의 첫 날이야.
- 겨울에는 스케이트나 스키를 타.
- 겨울에는 구세군 냄비를 팔아.
- 겨울에는 군고구마와 군밤을 먹어.

 사회 그림사전 | **아하, 이런 뜻이구나!**

가족 8~9, 64~65쪽

가족은 나와 아빠, 엄마, 형제자매를 말해요.
가족은 서로 사랑하고, 한집에서 함께 먹고,
함께 자고, 서로 도와요.

● **아빠, 엄마는** 나를 낳아 준 부모님이에요. 아빠, 엄마는 힘을 합쳐 우리 가족을 이끌고, 가족을 위해 일해요.

● **형제자매는** 같은 아빠, 엄마에게서 태어난 사람이에요. 자기보다 나이 많은 여자는 누나나 언니, 남자는 형이나 오빠라고 불러요.

● **할머니와 할아버지는** 아빠의 부모님이에요. 아빠의 형은 큰아버지, 남동생은 작은아버지, 누나나 여동생은 고모라고 불러요.

● **외할머니와 외할아버지는** 엄마의 부모님이에요. 엄마의 오빠나 남동생은 외삼촌, 언니나 여동생은 이모라고 불러요.

● **대가족은** 3대가 한집에서 사는 가족이에요. 할아버지, 할머니와 아빠, 엄마, 아들딸이 함께 살아요.

● **핵가족은** 결혼하지 않은 아들딸과 부모가 함께 사는 가족이에요.

● **다문화 가족은** 나라가 다른 사람끼리 결혼하여 가족을 이룬 거예요.

집 6~8쪽

집은 가족이 함께 사는 곳이에요.
집은 비바람과 더위, 추위를 막아 주고
위험으로부터 가족을 지켜 줘요.

● **단독 주택에는** 보통 한 가족이 살아요. 집 앞에 마당이 있어요.

● **연립 주택은** 한 건물에 여러 집이 있어요. 보통 4층을 넘지 않아요.

● **아파트는** 5층 이상의 높은 건물이에요. 한 층에도 여러 집이 있어요.

명절 60~63쪽

명절은 설날이나 추석처럼 해마다 지키어
즐기는 날이에요. 명절에는 맛있는 음식을 먹고
재미있는 놀이도 하지요.

● **설날은** 음력 1월 1일로 새해 첫날이에요. 설날이면
고운 한복을 입고 웃어른께 세배를 하고,
차례를 지내요. 떡국도 먹고,
윷놀이도 하지요.

● **추석은** 음력 8월 15일로 한가위라고도 해요.
새로 거둬들인 곡식과 과일로 차례를
지내고 송편을 먹어요. 보름달을
보며 소원도 빌지요.

이웃 10~15쪽

이웃은 옆집이나 뒷집처럼 우리 집 가까이에 사는 사람이에요. 이웃을 만나면 인사하고, 이웃끼리 서로 도와요.

● **빵집 아저씨나 약사 아주머니처럼** 우리가 필요한 물건을 만들거나 파는 사람, 서비스를 해 주는 사람도 이웃이에요.

● **이웃사촌은** 정이 들어 사촌 형제처럼 가까이 지내는 이웃을 말해요. 이웃사촌은 기쁘고 슬픈 일을 함께 나누지요.

마을 6~17, 36~41, 48~53쪽

마을은 내가 사는 곳이에요. 동네라고도 해요. 한마을에서 사는 사람들은 자연환경이 같아 서로 비슷한 일을 하며 살아요.

● **농촌에서는** 사람들이 논, 밭, 과수원, 비닐하우스에서 농사를 짓고, 축사에서 돼지, 소, 닭 등을 길러요.

● **산촌에서는** 사람들이 약초나 산나물을 캐고, 밭에서 배추나 무 등을 길러요. 목장에서 젖소나 양 등을 키워요.

● **어촌에서는** 사람들이 바다에서 고기를 잡거나 김, 전복 등을 길러요. 갯벌에서 조개나 굴 등을 캐기도 해요.

도시 78~83쪽

도시는 사람들이 많이 모여 사는 곳이에요. 빌딩과 백화점, 공연장, 음식점 등이 많고, 교통이 편리해요.

- **빌딩은** 높은 건물로, 안에 수많은 사무실이 있어요.
- **백화점은** 여러 상품을 갖추어 놓고 파는 곳이에요.
- **공연장은** 연극, 뮤지컬, 연주회 등이 열리는 곳이에요.

시장 72~77쪽

시장은 사람들이 물건을 사고파는 곳이에요. 상인은 농촌이나 어촌, 공장 등에서 물건을 가져와 팔고, 손님은 돈을 내고 물건을 사지요.

- **재래시장은** 옛날부터 있던 시장이에요. 작은 가게들이 많이 모여 다양한 물건을 팔아요. 동네 사람들이 많이 이용해요.
- **대형 할인점은** 한 건물 안에서 온갖 물건을 다 파는 큰 가게예요. 재래시장에 비해 최근에 생겨났어요.

학교 18~29쪽

학교는 선생님한테 여러 지식을 배우고, 다른 사람과 함께 어울리는 법을 알아가는 곳이에요. 친구들과 사이좋게 지내고, 열심히 공부해야 해요.

● **교실은** 학생들이 공부하는 곳이에요. 칠판, 책상, 의자, 사물함 등이 있어요.

● **교무실은** 선생님이 수업 준비나 회의를 하고, 잠시 쉬는 곳이에요.

● **화장실은** 볼일을 보는 곳이에요. 차례를 지키고, 깨끗하게 써야 해요.

● **운동장은** 달리기 같은 운동도 하고 놀이도 하는 곳이에요. 철봉, 축구 골대 등이 있어요.

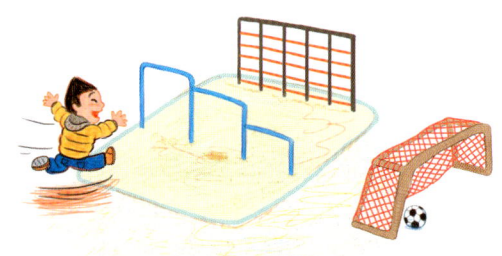

● **수업 시간은** 선생님이 학생에게 공부를 가르쳐 주는 때예요. 시끄럽게 떠들면 안 돼요.

● **쉬는 시간은** 수업 시간 사이에 짧게 쉬는 때예요. 대부분 이때 화장실을 다녀오지요.

● **점심시간은** 학교에서 점심을 먹는 때예요. 보통 학교에서 나눠 주는 급식을 먹지요.

공공 기관 16~17쪽

공공 기관은 사람들이 안전하고 편하게 살 수 있도록 돕는 곳이에요. 도서관, 소방서, 우체국, 파출소, 보건소 등이 있어요.

● **도서관은** 책이나 여러 자료를 모아 둔 곳이에요. 사서는 도서관에서 책을 찾아 주거나 책에 대해 알려 줘요.

● **우체국은** 사람들이 편지나 소포를 보내는 곳이에요. 우편집배원은 우편물을 집집마다 가져다줘요.

● **주민 센터는** 동네 사람들의 생활에 필요한 여러 일을 처리하는 곳이에요.

● **소방서는** 불이 나거나 위험한 일이 생겼을 때 도와주는 곳이에요. 소방관은 불을 끄고, 사람을 구해요.

● **경찰서는** 동네 사람들이 안전하도록 지켜 주는 곳이에요. 경찰관은 도둑을 잡거나 사람들이 다치지 않게 도와줘요.

● **보건소는** 병원처럼 동네 사람들의 건강을 돌보는 곳이에요. 돈을 받지 않고 예방 주사를 놓아 주기도 해요.

병원 54~59쪽

병원은 의사가 아픈 사람을 진찰하고 치료하는 곳이에요. 아픈 곳에 따라 치료해 주는 병원도 달라요.

● **소아 청소년과는** 어린이와 청소년이 아플 때 가요.

● **정형외과는** 뼈가 부러지거나 근육을 다쳤을 때 가요.

● **치과는** 이나 잇몸이 아플 때, 이를 뽑아야 할 때 가요.

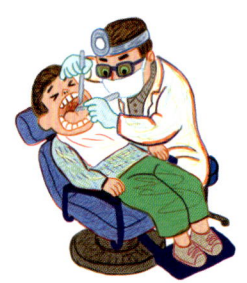

방송국 66~71쪽

방송국은 만화 영화나 드라마 같은 프로그램을 텔레비전이나 라디오로 방송하는 곳이에요. 연출자, 촬영 기사 등 여러 사람이 모여 일해요.

● **연출자는** 방송 프로그램 전체를 책임지고 만들어요.

● **방송 작가는** 사회자나 연기자 등이 할 말을 적은 대본을 써요.

● **촬영 기사는** 무대나 사람의 모습을 카메라로 찍어요.

박물관 42~47쪽

박물관은 오래도록 보존해야 할 중요한 물건들을 모아 놓고, 사람들에게 보여 주는 곳이에요.

● **역사박물관은** 시대에 따라 어떤 일이 있었는지 잘 알 수 있도록 중요한 물건이나 책 등을 모아 놓았어요.

● **자연사 박물관은** 예전에 살았던 식물과 동물의 뼈나 흔적, 모형 등을 보존하고 진열해 놓았어요.

● **민속 박물관은** 옛사람들이 어떻게 살았는지 알려 주는 옷, 그릇, 농사 도구 등의 물건을 모아 놓았어요.

관람 예절 46~47쪽

박물관이나 미술관 같은 전시장에서는 지켜야 할 예절이 있어요. 전시물을 안전하게 보존하고 많은 사람이 즐겁게 보기 위해서예요.

● **사진을 찍으면 안 돼요.**
사진은 허락된 곳에서만 찍고, 아무것이나 찍으면 안 돼요.

● **조용히 해요.**
장난을 치거나 소리를 지르면 다른 사람들에게 방해가 돼요.

● **음식을 먹으면 안 돼요.**
음식을 먹으면 냄새가 나고 지저분해져서 다른 사람이 불편해해요.

돈 75~76쪽

돈은 필요한 물건을 사거나 일을 시킬 때 써요.
물건을 팔거나 일을 하면 돈을 받고요.
동전, 지폐, 신용 카드 등을 돈으로 써요.

● **동전은** 금속으로 만든 돈이에요. 보통 동그란 모양이에요. 1원, 10원, 50원, 100원, 500원짜리 동전이 있어요.

● **지폐는** 종이로 만든 돈이에요. 동전보다 가볍지만 가치는 더 큰돈이에요. 1000원부터 50000원짜리까지 있어요.

● **신용 카드는** 물건값을 나중에 낼 수 있는 카드예요. 약속한 날이 되면 신용 카드로 산 물건값을 한꺼번에 내요.

탈것 30~35쪽

탈것은 사람이 타고 다니는 물건을 말해요.
땅 위를 달리는 자동차, 기다란 기차, 하늘을 나는 비행기와 물 위의 배 등이 모두 탈것이에요.

● **자동차는** 바퀴를 굴려 땅 위에 난 길을 달려요. 택시, 버스 모두 자동차예요.

● **기차는** 기찻길 위를 달려요. 여러 개의 차를 이어 놓아 많은 사람이 탈 수 있어요.

● **비행기는** 하늘을 날아요. 공항에서 탈 수 있고, 아주 멀리까지 빨리 갈 수 있어요.

29쪽

11쪽

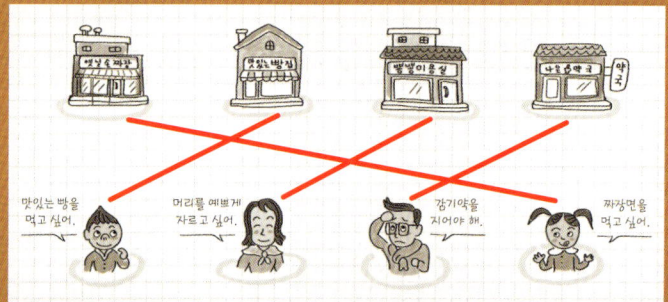

35쪽

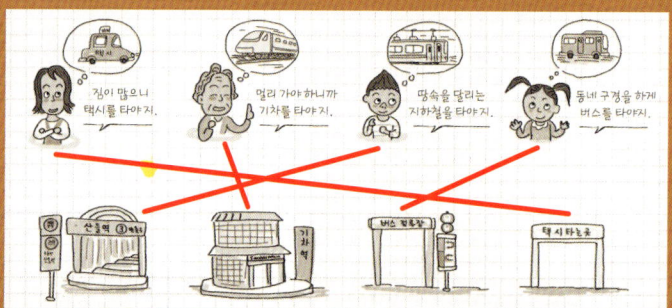

17쪽

41쪽

23쪽

47쪽